W0386118

Dirección editorial:
Departamento de Literatura
Infantil y Juvenil

Dirección de arte:
Departamento de Imagen y Diseño GELV

Diseño de la colección:
Manuel Estrada

El 0,7% de la venta de este libro se destina al Proyecto «Mejora de la Calidad y oferta educativa del ciclo diversificado del Instituto Tecnológico Quiché de Chichicastenango (Guatemala)», que gestiona la ONG Solidaridad, Educación, Desarrollo (SED).

1ª edición, 5ª impresión, marzo 2011

© Del texto: Tina Blanco
© De las ilustraciones: Pablo Amargo
© De esta edición: Editorial Luis Vives, 2003
Carretera de Madrid, km. 315,700
50012 Zaragoza
Teléfono: 913 344 883
www.edelvives.es

ISBN: 978-84-263-5119-7
Depósito legal: Z-984-2011

Talleres Gráficos Edelvives (50012 Zaragoza)
Certificados ISO 9001

Printed in Spain

Reservados todos los derechos. Cualquier forma de reproducción, distribución, comunicación pública o transformación de esta obra solo puede ser realizada con la autorización de sus titulares, salvo excepción prevista por la ley. Diríjase a CEDRO (Centro Español de Derechos Reprográficos, www.cedro.org) si necesita fotocopiar o escanear algún fragmento de esta obra.

FICHA PARA BIBLIOTECAS

BLANCO, Tina
Háblame del fantasma del faro / Tina Blanco ; ilustraciones, Pablo Amargo. – 1ª ed., 5ª reimp. – Zaragoza : Edelvives, 2011
177 p. : il. ; 20 cm. – (Ala Delta. Serie verde ; 26)
ISBN 978-84-263-5119-7
1. Faros. 2. Paso del tiempo. 3. Nuevas tecnologías. 4. Adolescencia. 5. Fantasmas. I. Amargo, Pablo (1971-), il. II. Título. III. Serie.
087.5:821.134.2-31"19"

EDELVIVES

ALA DELTA

Háblame del fantasma del faro

Tina Blanco

Ilustraciones
Pablo Amargo

1

Jano iba tumbado en el asiento trasero del coche de cualquier manera. Su madre ya le había llamado la atención varias veces, pero él no le había hecho caso. No porque quisiera ser maleducado, sino porque su mente estaba muy ocupada tratando de responder a la pregunta que daba vueltas en su cabeza y eso le volvía sordo.

¿Había hecho bien en ir a Piedrasnegras, o debería haber ido al campamento de El Escorial, que incluía un *clinic* de baloncesto con un jugador famoso de la NBA?

A Jano siempre le costaba tomar decisiones y, al final, las circunstancias decidían por él. Las «circunstancias», en este caso, iban sentadas en los asientos delanteros y habían decidido que iba a Piedrasnegras, como todos los veranos.

A medida que el coche le acercaba a su destino, Jano iba sintiéndose cada vez más desgraciado, y ese sentimiento le hacía desaparecer literalmente bajo el asiento.

—Jano —dijo su madre, estirando el cuello para verle por el retrovisor—. ¡Jano! —repitió, incorporándose ligeramente, ya que no lograba su propósito—. ¡Hemos llegado a la cremallera! —dijo, poniendo un exagerado entusiasmo en su voz.

—¡Ah! Sí... —respondió Jano apático, sin cambiar de postura.

En sus párpados semicerrados notó un cosquilleo de luces y sombras y Jano supo, sin necesidad de mirar, que el coche acababa de entrar en la recta que llevaba derecho a Piedrasnegras.

Lo de la cremallera era algo que se le había ocurrido a su madre cuando él era pequeño:

—Imagínate que fuéramos abriendo una cremallera —dijo, mientras el coche avanzaba por el túnel que formaban los plátanos plantados a ambos lados de la carretera—. Y al final está el pueblo, ¿ves?

Jano, después de reflexionar un momento, había hecho una buena aportación al juego:

—Y, cuando nos vamos, ¿se cierra la cremallera y el pueblo se queda ahí, guardado hasta el verano siguiente?

—Claro.

Desde entonces, lo de la cremallera se había quedado como cita obligada cada vez que llegaban a Piedrasnegras.

Pero, dejando a un lado que ya era un poco mayor para seguir con el cuento de la cremallera, a Jano le daba igual, en aquel momento, que la cremallera se abriera o se cerrara. Se sentía tan deprimido que dudaba que al final le esperara algo que pudiera salvar el verano. En un rápido repaso a los alicientes que ofrecía Piedrasnegras, sólo encontró un verdadero atractivo: las tardes en el faro escuchando las historias de Aurora de antiguos naufragios y, sobre todo, las historias de Tristante, el fantasma del faro. Le fascinaban esas historias desde siempre.

El otro aliciente era Tea, si por fin había venido. Pensar en ella hizo que se incorporara un poco y entonces tuvo la extraña sensación de que los árboles tenían brazos y piernas que se agitaban a su paso.

—¡Hola, hola! ¡Ya estamos aquí! —dijo su padre.

Jano se incorporó un poco más.

Lo suficiente para ver que no eran los árboles los que se movían, sino todos los chavales y chavalas de Piedrasnegras, que, uno a uno, fueron saliendo de su escondite tras los troncos de los árboles, saludando con grandes alaridos.

—Esto tiene que ser idea de Tea —murmuró Jano, un poco aturdido.

—¡Ya estamos aquí! —repitió la madre de Jano, que se apresuró a salir del coche y empezó a repartir besos y abrazos.

Jano no se movió de su sitio. Presa de un repentino ataque de timidez, siguió derrumbado en el asiento trasero, diciéndose que él pasaba de toda esa ceremonia de los achuchones de bienvenida. La verdad, le aburría.

—Tea, ¡cuánto has cambiado desde que no nos vemos! Ya eres toda una mujer —oyó que decía su padre.

Tea y Jano eran de la misma edad —doce años— y desde pequeños habían sido muy amigos. Sus padres también lo eran, lo que les permitía pasar mucho tiempo juntos, tanto durante el curso en Madrid, como en las vacaciones de verano en Piedrasnegras. Todos sus amigos les tomaban el pelo diciendo que eran novios.

Pero, recientemente, los padres de Tea se habían divorciado y eso los había distanciado. Desde las Navidades no se habían visto, y entonces fue un encuentro breve para intercambiar regalos, en el que Tea se había mostrado extraña, silenciosa y huidiza.

Además del divorcio de sus padres, Jano sabía que a Tea le había ocurrido algo más. Pero no había logrado averiguar qué era, porque sus padres sólo hablaban de ello con veladas alusiones cuando él estaba delante. Fuera lo que fuera, aquello también había convertido a Tea en alguien diferente.

La exclamación de su padre hizo que Jano intentara mirar a través de la ventanilla, echando la cabeza hacia atrás todo lo que le era posible. En ese momento, cuando Jano había conseguido parecer un pollo con el cuello roto, se abrió la puerta trasera del coche.

—Hola, Jano. ¿Has visto qué comité de bienvenida? Vaya sorpresa, ¿eh?

Tardó en responder, no tanto por la extraña postura en la que se encontraba como por la sorpresa. Pero no a la que se refería Tea, sino la que ella misma le había causado. Le costaba reconocerla bajo aquella gorra de marinero.

Desde la penumbra del asiento trasero, Jano la miraba con los ojos fijos y un poco extraviados. Los ojos de Jano, grandes y un poco vacunos, tendían a extraviarse cuando pensaba en algo con mucha intensidad.

—Hola —respondió ausente, haciendo ademán de incorporarse para salir del coche.

—No, no salgas —le detuvo su madre—. Vamos a casa antes de nada.

—Os seguimos en las bicis —dijo Tea—. ¡En marcha, escolta! —gritó, acompañando sus palabras con un gesto de la mano.

El coche arrancó y el «comité de bienvenida», con Tea al frente, les siguió formando un pequeño y desordenado pelotón.

—¡Cuánto ha cambiado Tea en estos meses! Casi no la conocía —comentó la madre de Jano.

«Ni yo», pensó Jano, pero no dijo nada.

—Ya no parece que tengáis la misma edad. Ella ha crecido mucho —dijo su padre, mirándole por el retrovisor.

A Jano le pareció que había un cierto reproche en sus palabras y en sus ojos, como si él tuviera la culpa de no haber crecido más. Se sintió obligado a replicar:

—A las chicas les pasan cosas muy raras. A lo mejor es que ha cumplido dos o tres años seguidos durante el invierno.

—No digas tonterías —dijo su padre.

—No les pasan cosas raras —terció su madre—, les pasan cosas normales. Además, me imagino que lo de sus padres también la habrá hecho madurar.

Un timbreo insistente hizo que Jano volviera la cabeza hacia la izquierda y, durante unos momentos, la bici de Tea corrió paralela al coche, de modo que sus rostros quedaron bastante próximos. Pero Jano no tuvo ninguna sensación de cercanía. Le pareció una proximidad falsa, parecida a la que da la televisión.

Algo extraño se interponía entre los dos y no era sólo el cristal de la ventanilla. Era ella, pero no era ella del todo; eran sus rasgos, pero parecían haberse alargado. Jano advirtió en aquel instante que ya no llevaba melena. Quizá era eso, el pelo corto, lo que cambiaba su cara.

—Se ha cortado el pelo —exclamó Jano, creyendo que acababa de encontrar la explicación.

—Sí. Mejor, es más cómodo para el verano —comentó su madre.

Sin embargo, Jano se dio cuenta de que no era eso lo que la hacía diferente. No era el pelo más corto, ni la nariz un poco más larga, ni su figura más alta y delgada. Había algo nuevo; algo que nunca antes había habido. Y tampoco era la gorra de marinero. Era la lejanía de su mirada. Eso era. No sabría cómo explicarlo, pero lo vio con claridad en el momento en que ella decidió adelantar al coche.

Tea le sonrió, apretó el pedaleo y entonces sus ojos azules casi ocultos por la visera le miraron desde una distancia que a Jano le pareció insalvable.

Eso era lo que había cambiado. Y Jano tuvo el presentimiento de que aquel cambio no auguraba nada bueno.

Volvió a lamentar no haber ido a El Escorial.

En el pueblo no parecía haber cambiado nada, al menos a primera vista. Dejaron a un lado el grupo de casas que se arracimaban en torno a estrechas calles que conducían al muelle y se dirigieron al chalet, que estaba un poco apartado de lo que, pomposamente, denominaba un letrero en la carretera como «centro ciudad».

El «comité de bienvenida» se había adelantado y tomado el entorno de la casa.

Las bicicletas tiradas por el suelo en desorden, en la entrada y en el jardín, hicieron pensar a Jano en esos accidentes múltiples, las montoneras que se producen en las vueltas ciclistas; aunque, en este caso, los ciclistas estaban todos cómodamente sentados en el suelo o en el murete que rodeaba la casa, contemplando cómo se abría el portamaletas del coche y dejaba a la vista una montaña de cosas.

—¿Cómo es posible que haga falta todo esto para pasar un mes en una casa que ya tiene de todo? —preguntó el padre de Jano, con los brazos en jarras, mirando perplejo el maletero abarrotado—. Bueno, en cualquier caso, hay que sacarlo —añadió resig-

nado, en vista de que su comentario no provocaba ninguna adhesión.

Como si obedecieran a una señal, uno tras otro, los integrantes del «comité de bienvenida» se levantaron y, sin molestarse en dar excusas, se fueron marchando. Sólo quedó Tea.

Jano la miró de soslayo. No se atrevía a mirarla de frente; llevaba un pantalón corto que dejaba al aire sus piernas y una camiseta de rayas azules y blancas que, junto con la gorra, le daban un aire muy marinero. Sentada en el muro, balanceaba las piernas con cara ausente. Parecía estar a kilómetros de distancia.

—Voy a ver cómo está mi bicicleta —dijo Jano, con una súbita inspiración.

—No vas a ninguna parte —le cortó su padre, deteniéndole con la mano que le quedaba libre. En la otra llevaba una maleta—. Ayuda a descargar —añadió.

—¿Sabes la novedad? —preguntó Tea desde su puesto de observación, regresando del lugar lejano donde había ido.

—¿Cómo lo voy a saber si acabo de llegar? —dijo Jano de malhumor, agarrando lo primero que encontró en el maletero, que casualmente era su mochila.

—A Aurora la han sustituido por un ordenador —anunció Tea.

Jano se paró en seco en el camino. Sostenía la mochila en la mano, pero parecía a punto de soltarla.

—Y, eso, ¿qué significa? —preguntó con inquietud, volviéndose hacia Tea.

—Pues significa que Aurora ya no se ocupará más del faro —le aclaró aquélla—. Lo hará un ordenador, automáticamente.

Ella parecía muy contenta de que fuera así porque le chiflaban los ordenadores, pero a Jano le pareció otro mal augurio.

—Y ¿dónde está Aurora? ¿Ya no vive en el faro?

—No lo sé. Yo no la he visto desde que he llegado.

Jano chascó la lengua con rabia y dejó caer la mochila al suelo al tiempo que exclamaba:

—¡Qué fastidio! ¿Y qué va a pasar ahora?

—¿Qué va a pasar con qué? —preguntó Tea distraída.

Jano la miró con irritación. Le parecía imposible que Tea hiciera aquella pregunta.

—¡Pues... con todo! —exclamó abriendo los brazos—. Con el faro, con las meriendas...

Tea se burló:

—A lo mejor han hecho un programa especial para que el ordenador te haga meriendas, como Aurora.

—Muy graciosa. Cualquiera diría que tú ni las probabas. Bien que te gustaban su bizcocho y sus galletas de nata —replicó dolido—. Y, además —añadió con viveza, recordando lo más importante—, también nos quedaremos sin las historias de Tristante. ¿O vas a decir que tampoco te gustaban?

—Ya no creo en fantasmas; eso es cosa de críos —dijo despectiva Tea.

—Pues no me parece que sea de críos la historia de Tristante. Porque es una historia de verdad, ¿sabes?

Jano acompañó sus palabras con una mirada cargada de venablos que dejó indiferente a Tea.

—Puede que existiera de verdad, pero puede que no —dijo ésta—. Puede que sólo haya existido en la imaginación de Aurora. Tal vez se lo inventaba todo para distraernos cuando éramos pequeños.

—No —replicó Jano tajante—, nada de eso. Ni se inventaba las historias de los naufragios ni las de Tristante. Para que lo sepas, tiene libros que hablan de esas cosas. Yo los he visto, así que no es inventado.

—Bueno, me da igual —dijo Tea, alzando los hombros con indiferencia.

Jano la miró achicando los ojos y haciendo un gesto de extrañeza, fingiendo que incluso le costaba reconocerla.

—¿Estoy hablando con Dorotea Martínez? —preguntó, irónico.

Sabía lo que le molestaba a Tea que le recordaran su nombre completo, que odiaba.

—Me llamo Tea, ¿te enteras?

Sus ojos despedían llamas. De un salto se bajó del muro y se acercó a su bicicleta con evidente intención de irse.

—Me voy al muelle. Si quieres venir, estaré allí con los demás —añadió mientras se alejaba pedaleando, dejando a Jano en petrificado silencio.

—Jano, hijo, ¿te has convertido en una estatua? —le preguntó su padre, deteniéndose a su lado—. No quiero empezar las vacaciones enfadándome contigo, así que colabora un poco, ¿eh? —añadió condescendiente.

—¡Tenía que haber ido al Escorial! —murmuró melancólico.

—¿Qué dices? —preguntó su padre, a punto de estallar.

—Que ya voy —respondió Jano, arrastrando la mochila con desgana y evidente mal humor hasta el interior de la casa.

2

Poco más tarde, recostado contra el muro en el mismo punto donde había estado Tea, Jano repasaba mentalmente la conversación con ella. Le costaba creer que Aurora ya no estuviera en el faro, pero más aún le costaba aceptar la actitud desdeñosa de Tea hacia todo aquello que había sido esencial en las vacaciones de verano. Tan incomprensible le parecía que de pronto pensó que se trataba de una broma.

Iría al faro, Aurora estaría allí y, al igual que había hecho tantas veces, le pediría:

—Aurora, háblame del fantasma del faro.

Y Aurora le contaría alguna de las fechorías atribuidas a Tristante, que durante años habían alimentado los miedos nocturnos no sólo de los marineros, sino de todas las gentes de la comarca. Y, desde luego, los suyos. Después, bajaría al muelle y le diría cuatro cosas a Tea. Eso haría. Corrió al garaje, retiró el plástico que cubría su vieja bicicleta y comprobó el estado de los neumáticos. Después de un año de inactividad, como era natural, estaban deshinchados. «Ya va siendo hora de que me compren una bici decente», pensó, autoconmiserativo.

El sol comenzaba a caer hacia el mar arrastrando tras de sí un manto de nubes rojas, cuando Jano acabó de poner la bici a punto. Dudó por un momento entre ir al faro o bajar al muelle. Una bandada de patos, en impecable formación, cruzó el cielo dibujando una flecha que apuntaba hacia el faro. Para Jano fue la señal definitiva que acabó de disipar sus dudas.

—¡Jano! —oyó gritar a su madre desde la ventana de la cocina—, ¿vas a salir ahora? No tardes en volver. Tienes que organizar tu cuarto. Y pronto estará la cena.

La grava del camino crujió bajo las ruedas de la bicicleta. Jano pedaleó sin descanso hasta llegar al cruce de las Ánimas. En aquel lugar, punto de confluencia de todos los caminos, se erguían tres cipreses columnarios. A Jano siempre le imponía un poco su aspecto de adustos guardianes. Y también el hecho de que fuera allí donde, antaño, solían despedir a los cortejos fúnebres antes de dirigirse al camposanto. Jano prestó atención al sonido del viento. No sabía por qué, se imaginaba que allí debía de traer ecos de voces lejanas. Pero no traía nada. De hecho casi no había viento. Del laberinto de caminos que se abría ante él, unos más anchos y otros más estrechos, sólo uno llevaba al faro. Jano sabía perfectamente cuál era. Lo que le detenía era de nuevo la duda: ¿ir al faro o bajar al muelle donde le esperaban Tea y los otros?

—Ahora vas a ver... Dorotea —murmuró Jano para sí, mientras en su rostro se adivinaba una intención vengativa.

Pedaleó con energía por el camino del faro y, a medida que se acercaba, notó cómo crecía su impaciencia. Deseaba con todas sus fuerzas que nada hubiera cambiado. Todos sus recuerdos infantiles de los veranos en Piedrasnegras giraban en torno al faro desde que era capaz de recordar. Y los de antes, de cuando era un bebé y su madre lo llevaba en brazos hasta el faro, también habían sido incorporados a su memoria de tanto oírselo contar a los mayores. Aurora y el faro eran parte inseparable de las vacaciones de verano y no podía imaginar las cosas de otra manera.

Se incorporó en los pedales para salvar el último repecho del camino que desembocaba en la campa que había delante del faro. Hasta llegar a ese punto el edificio no era visible. Se detuvo un momento en lo alto y dejó que el aire perfumado de algas y salitre le llenara el pecho. Ahora sí, estaba en Piedrasnegras. La silueta blanca del faro con su cúpula de cristal se alzaba al otro lado de la campa, a lo lejos.

Siempre le impresionaba cruzar aquel páramo de suelo extrañamente blando; pero, sobre todo, le impresionaba hacerlo de noche, cuando resonaban aún en sus oídos las historias de Tristante contadas por Aurora. Si tenía que volver a casa solo, obligaba a Aurora a que le acompañara a atravesar aquella extensión desolada, y hablaba, hablaba para no escuchar los lamentos y jirones de sonidos de naufragios que traía el viento.

—Son los cantos rodados de la playa, tonto —le tranquilizaba Aurora.

Pero él aseguraba temblando que podía oír claramente el ruido de maderas que se rompían al chocar contra las rocas.

Respiró hondo y siguió pedaleando hacia el faro.

A medio camino se le ocurrió un juego.

—¡Atención! ¡El gran ordenador del faro está equipado con armas mortíferas para alejar a cualquier intruso! —dijo, con tono de serie televisiva.

Comenzó a zigzaguear con la bicicleta, imaginándose que desde la torre del faro disparaban sobre él una andanada de rayos letales.

—¡Fuuj! ¡Faagf! ¡Rsshh! —gritaba al tiempo que se agachaba sobre el manillar, esquivando la imaginaria agresión.

Siguió con el juego hasta llegar a la verja que rodeaba el edificio. Se detuvo en seco al ver el letrero que había sobre la puerta de entrada, cerrada con un grueso candado:

PROHIBIDO EL PASO A TODA PERSONA
AJENA A ESTAS INSTALACIONES.
LA AUTORIDAD PORTUARIA.

Lo leyó en voz alta. Lo releyó varias veces en silencio mientras trataba de decidir si él era una persona «ajena» o no. Estaba a punto de llegar a la conclusión de que no, cuando una voz a sus espaldas le hizo dar un brinco:

—¡Hola, Jano! ¿Ya por aquí?

—¡Qué susto! —exclamó Jano volviéndose—. Creí que no había nadie.

—Y no lo había —dijo Aurora, dándole un par de besos—. Acabo de llegar.

Jano la miró y preguntó ansioso:

—Entonces, ¿es cierto que ya no vives aquí?

—Cierto. Ahora se ocupa del faro un ordenador. Estas cosas modernas, ya sabes —respondió Aurora con una sonrisa forzada.

Aunque había tratado de dar a sus palabras un tono despreocupado, como si no le importara lo más mínimo el hecho de vivir o no en el faro, Jano supo que no era sincera. La conocía demasiado bien para dejarse engañar.

—Y ¿dónde vives ahora? —volvió a preguntar, sin apartar los ojos del rostro de Aurora.

Ésta se encogió de hombros y desvió la mirada, demorando la respuesta.

—En una casita en el pueblo. Junto a la iglesia. Es tan pequeña que ni siquiera tengo donde poner los libros.

—Y ¿no podías seguir viviendo aquí aunque el ordenador encienda el faro?

—Pues parece que no. Si no eres farero no puedes vivir en el faro. Y el farero ahora es ese trasto —dijo con fastidio—. Pero aún tengo la llave. ¿Quieres entrar?

—Claro —se apresuró a aceptar Jano.

Deseaba más que ninguna otra cosa recuperar las gratas sensaciones de otros veranos. Y le habría agradado sobremanera recuperar también las deliciosas meriendas. Lo reconoció íntimamente, en un arranque de sinceridad consigo mismo.

No eran cuentos. Eran historias verdaderas que Aurora le había escuchado a su padre, farero antes que ella. Y a su abuelo, el marino, el que se había casado con una filipina. Por eso, Aurora tenía los ojos un poco achinados y el óvalo de la cara como el de una muñeca de porcelana. O, al menos, eso decía la madre de Jano.

—Ahí lo tienes —anunció Aurora, deteniéndose en el primer rellano.

Jano alzó los ojos mientras alcanzaba el último peldaño y vio una tosca caja metálica gris, un poco más grande que un vídeo normal. El panel frontal era similar al de cualquier otro instrumento electrónico, con clavijas, botones y lucecillas de colores.

—¿Esto es el ordenador? —preguntó Jano con decepción.

—Sí. ¿Qué le pasa?

—Que es una porquería. Ni siquiera tiene pantalla —dijo con desprecio.

No estaba seguro de cómo debía ser el ordenador de un faro pero, en cualquier caso, aquél le parecía muy poca cosa para ser el sustituto de Aurora.

—No sé, yo no entiendo nada de ordenadores —dijo Aurora con indiferencia.

Jano se inclinó sobre el panel frontal, torciendo la boca con un gesto despectivo que no dejaba lugar a dudas sobre la opinión que le merecía.

Dos tarjetas asomaban por sendas ranuras. Jano tiró de una de ellas y la extrajo.

—¡Quieto, no toques eso! —le advirtió alarmada Aurora.

—No pasa nada. Ya la vuelvo a meter —se disculpó Jano.

—¿Y yo qué sé si pasa o no? Antes podía controlarlo todo, pero de estas cosas modernas no entiendo nada.

Algunas de las lucecillas comenzaron a parpadear y de pronto se escuchó un chasquido. Aurora miró hacia la cúpula y al instante se oyó el zumbido de un motor. Un haz luminoso que apenas se distinguía en la luz dorada del atardecer pasó sobre sus cabezas. Y luego otro.

—Ya está en marcha —dijo Aurora, respirando tranquila.

Jano tragó saliva.

—¿Alguna vez ha fallado desde que lo pusieron? —preguntó.

—No —respondió Aurora, con una voz sin matiz—. No falla nunca —repitió—. Pero, ¿sabes una cosa?, todas las tardes vengo hasta aquí. No me acostumbro a desentenderme de esto. Temo que no se encienda; que pase algo. Por más que me digan, yo no acabo de fiarme de ese chisme; así que, mientras tenga la llave...

—Pues ya no debería importarte —dijo Jano.

Aurora lanzó un hondo suspiro y le miró con ojos tristes. Abrió la puerta de acceso a la terraza circular que rodeaba la cúpula.

—Tienes razón —dijo, apoyándose en la barandilla metálica—. Ya no es cosa mía. Sin embargo, el faro ha sido toda mi vida, desde que nací, y ahora me siento vacía.

El sonido del oleaje en los cantos rodados de la playa apenas se oía desde dentro, pero allí fuera era un estruendo que amortiguaba la voz de Aurora, haciendo que sonara lejana, venida de otro mundo.

—Me falta el oxígeno si no vengo hasta aquí cada tarde —dijo, dilatando las aletas de la nariz para llenar sus pulmones con el aire saturado de sal.

Se inclinó sobre la barandilla de tal modo que casi medio cuerpo le colgaba por encima, sobre el vacío. Parecía querer aspirar no sólo el aire, sino también el atardecer, el acantilado, la espuma de las olas...

Jano se asustó un poco. Cuando volvió a incorporarse, vio la angustia reflejada en aquel rostro de niña envejecida que hasta entonces siempre había visto con una eterna sonrisa.

Deseó que Tea estuviera allí en aquel momento para preguntarle si seguía pareciéndole buena idea la sustitución de Aurora por el ordenador. Quizá si hubiera visto lo que él, borraría de su rostro la estúpida sonrisa de superioridad que había mostrado aquella tarde.

Pero Tea no estaba allí y él sí. Y pensó que debía decir algo cuanto antes.

Dijo lo primero que pasó por su mente:

—Según mi madre, cuando estás deprimido, lo mejor es hacer algo que te entretenga.

Aurora seguía mirando el acantilado sin dar muestras de haberle oído, hipnotizada por el ir y venir del oleaje. A lo mejor no le había oído por el ruido de las olas. O a lo mejor sus palabras no le servían de ayuda.

Jano no tenía mucha experiencia en estas cosas. Por si acaso, insistió:

—Para entretenerte podrías hacer galletas, o bizcocho, como antes... ¿Te acuerdas de nuestras meriendas? —preguntó animado.

Aurora se volvió despacio hacia él, y con una amarga sonrisa le dijo:

—He perdido la ilusión hasta para eso. Antes era distinto. Yo tenía un trabajo, una función en la vida. Y me encantaba hacer dulces cuando llegabais en verano. En cierto modo eran también mis vacaciones. Pero ahora... no soy nada más que una jubilada. Un trasto viejo que no sirve ni para eso.

—A mí no me parece que seas ningún trasto viejo —replicó Jano con viveza—. Y seguro que puedes hacer los bizcochos mucho mejor aún que antes —recalcó.

Aurora le miró sin responder y Jano vio en sus ojos lo mismo que había visto aquella tarde en los de Tea: la misma extraña lejanía.

Luego, como si de pronto volviera a ser consciente de que él estaba allí, le rodeó los hombros con su brazo.

—Las cosas son como son y hay que aceptarlas —dijo resignada—. Ven, vamos.

Le empujó con suavidad hacia el interior.

—¿Alguna vez te he contado por qué los faros se llaman faros? —le preguntó.

—Pues porque son faros. ¿Cómo se van a llamar si no? —dijo Jano, mirándola desconcertado.

—No, señor.

Aurora agitó su melena corta de cabellos grises con aire de triunfo y por un instante volvió a parecer contenta.

—Porque el primer faro, que fue el de Alejandría, estaba construido sobre la isla de Pharos.

—Ah —respondió Jano distraído.

En realidad, estaba pensando en otra cosa. Se estaba preguntando qué le pasaba a todo el mundo, por qué las personas estaban cambiando a su alrededor. Por qué todo cambiaba. Por qué las cosas no podían quedarse como estaban: Tea, los padres de Tea, Aurora, el faro...

Pensar en eso le hizo sentir un vacío oscuro en el estómago, igual que si le hubieran arrancado las tripas de cuajo.

Se agarró de la mano a Aurora y le pidió con ansiedad:

—Háblame del fantasma del faro, por favor.

—¿Del fantasma del faro? Pobre Tristante. Creo que a él también lo va a jubilar el ordenador. Antes, si había algún fallo se le achacaba a Tristante. Ahora, como el ordenador no falla nunca...

—Pero Tristante existió de verdad, ¿a que sí?

Normalmente a Aurora no había que insistirle mucho para que hablara de Tristante. Le encantaba. Estaba orgullosa de «su fantasma» y no consentía que nadie pusiera en duda su existencia.

—Pues claro que existió de verdad. Él fue el primer farero de Piedrasnegras, cuando el faro estaba en la torre vieja de piedra y la luz era la hoguera que Tristante encendía cada noche en lo alto; porque entonces no había luz eléctrica, ni petróleo, como ahora.

—¿Y por qué se convirtió en fantasma?

Jano lo sabía de sobra. Se lo había oído contar a Aurora muchas veces, pero necesitaba oírlo una vez más.

Aurora, sin embargo, parecía cansada.

—Es tarde —dijo—, tu madre se preguntará dónde estás. Dile que mañana iré a saludarla.

—Vale, mañana vendré con Tea, ¿nos lo contarás entonces? Ella quiere oírlo —mintió Jano.

—De acuerdo, mañana os lo contaré.

Al pasar junto al ordenador, Jano lo miró con rencor. De buena gana lo habría tirado por el acantilado. Sentía que le habían robado todos los veranos futuros y quizá también los pasados.

3

Jano atravesó el *hall* y entró en la sala de estar con la cabeza ladeada, «como si le hubiesen dado un tajo en el cuello», según expresión de su madre. Solía hacerlo cuando se sentía deprimido. La madre de Jano trasteaba en la cocina y su padre intentaba resintonizar la tele.

—La humedad está acabando con este aparato —se lamentaba ante la pantalla llena de nieve.

Jano se dejó caer en el sofá en el único hueco que quedaba libre entre bolsas, fundas de ropa y alfombras enrolladas.

—Toma, Jano —dijo su madre, asomándose a la puerta con un juego de sábanas en las manos—. Haz tu cama.

Jano permaneció con la cabeza ladeada y la mirada perdida sin hacer el menor movimiento, en estado semicatatónico.

—Yo no pienso hacértela —precisó su madre, antes de volver a la cocina—. Y cuando acabes, ven a poner la mesa —añadió.

Al cabo de un rato, Jano, arrastrando los pies, acarreaba platos, vasos, cubiertos, desde el aparador a la mesa. Los llevaba de uno en uno, con una parsimonia tal que su madre parecía a punto de gritar. Desde el quicio de la puerta le observaba con los brazos cruzados y una expresión en su rostro que no dejaba lugar a dudas.

—¿Quieres hacer el favor de enderezar la cabeza? —le exigió—. Me estás dando tortícolis. No sé cómo puedes soportarlo.

Jano no hizo ningún caso. No porque quisiera desobedecerla, sino porque no la oyó. Su mente estaba ocupada con otros pensamientos.

—No deberían jubilar a la gente —exclamó de pronto, sorprendiendo por completo a su madre.

—¿Y a qué viene eso? —preguntó ésta, desconcertada.

—No deberían jubilar a la gente mientras siga haciendo bien su trabajo. Y seguro que ese ordenador no puede hacer las cosas igual de bien que

Aurora —aseguró vehemente—. Porque, además, es una birria de ordenador.

—Ya. Pero a la gente se la jubila cuando llega a una edad —dijo su madre, que empezaba a comprender—. No te preocupes por Aurora; estará bien.

—No, no —negó Jano con energía—, no está bien. En realidad, está muy mal.

—¡Qué tonterías dices! A todos nos apena que Aurora no siga en el faro, pero todo se moderniza. Supongo que le quedará un buen retiro y, además, así puede hacer lo que le dé la gana; no tiene que estar todo el día pendiente del dichoso faro, sin poder ir a ninguna parte.

—Es que ella no quiere ir a ninguna parte. Sólo quiere estar en el faro como siempre. Y que vayamos a verla y a merendar con ella.

—Eso es lo que tú te crees.

—Lo que yo me creo, no, mamá. Es así; me lo ha dicho ella. Y está muy triste, ¿sabes? Todas las tardes va al faro porque tiene miedo de que no se encienda... Yo creo que no puede seguir viviendo sin el faro. A lo mejor se suicida —concluyó, muy dramático.

Su madre le miraba con asombro.

—No sé de dónde has sacado eso. No me parece razonable.

—Cualquier cosa que se le ocurra a éste no es razonable —dijo su padre, que acababa de entrar en la cocina remangándose la camisa—. ¿De qué habláis?

La madre de Jano miró a su hijo dudando, antes de repetir la conversación.

Jano jugaba con una servilleta doblándola y desdoblándola, empeñado en darle alguna forma estrafalaria.

—Deja de sobar la servilleta —le advirtió su madre—. Aurora... —empezó a explicarle a su marido—, que al parecer echa de menos el faro.

—¿Que echa de menos el faro? Si la han puesto en casa. Ya quisiera yo que me jubilasen. Una buena paga del Estado y todo el día haciendo lo que me diera la gana, en casita.

Jano dejó la servilleta sobre la mesa y miró a su padre con fijeza. La idea de que le jubilasen y se pasara todo el día en casa consiguió distraerle de su principal preocupación por Aurora.

—Lo que tienen que hacer en el faro es un hotelito rural. ¡Menuda vista! —siguió diciendo el padre, mientras arrastraba la silla hacia la mesa—. Uno de esos «Hoteles con encanto» —e hizo un gesto con la mano, dibujando el letrero en el aire—. ¡Para forrarse! —concluyó, comenzando a devorar la sopa.

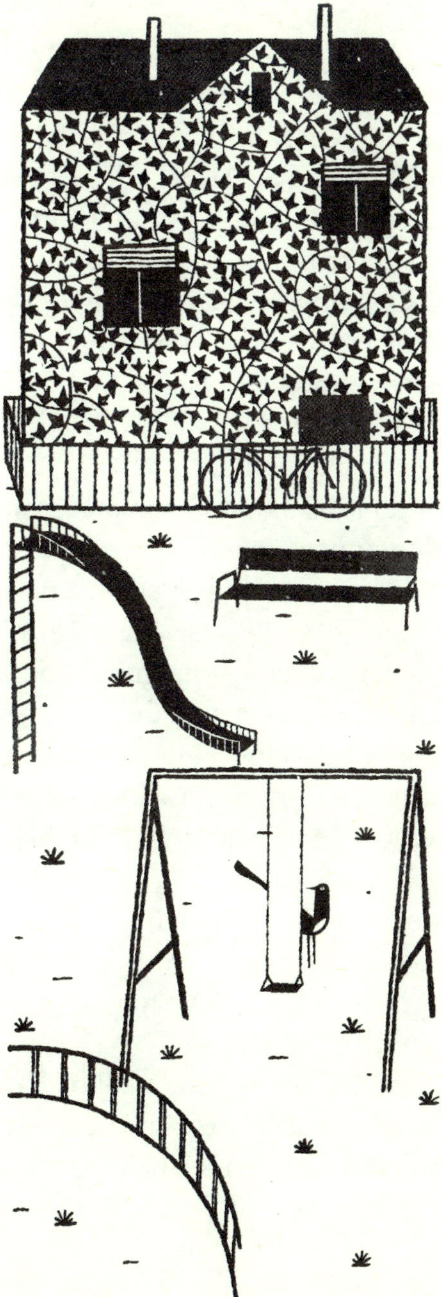

—Sí, pero no será Aurora quien se forre, porque ella ya no puede vivir en el faro —dijo Jano, comenzando a comer con parsimonia, en una postura del todo inverosímil, que le valió otra llamada al orden de su madre:

—Jano, ponte derecho; y la otra mano encima de la mesa. ¡Todos lo días lo mismo...!

Hubo un momento de silencio hasta que Jano volvió a insistir en el tema:

—Y, cuando jubilan a una persona, ¿ya no pueden *desjubilarla* nunca más?

El padre de Jano le miró por encima de la cucharada que se disponía a llevarse a la boca.

—¿Qué quieres decir? —preguntó con desgana.

—Pues que si se dan cuenta de que se equivocaron... Por ejemplo —dijo Jano animándose al ver que le escuchaba—, Aurora, si se dan cuenta de que todo iba mejor cuando estaba ella, a lo mejor la *desjubilan*.

—Aurora hacía bien su trabajo. No obstante, un ordenador sí que es exacto; no tiene fallos humanos, ¿comprendes? Y, además, no hay que pagarle un sueldo, ni darle vacaciones.

—Todas las personas tienen que jubilarse cuando les llega la edad —intervino su madre, conciliadora.

Siguieron comiendo en silencio hasta que Jano volvió a preguntar:

—Papá, ¿a ti cuándo te van a jubilar?

—¿A mí? Aún me quedan unos cuantos años para eso.

—¿Cuántos? —insistió.

—Pues... más de veinte —dijo sin precisar.

No parecía tener ganas de hablar del tema.

Jano respiró con alivio. Veinte años le pareció una distancia suficientemente tranquilizadora como para sentirse a salvo.

—¿Por qué lo preguntas? ¿Quieres jubilarme ya? —preguntó su padre, un poco molesto.

—No, no, todo lo contrario —se apresuró a aclarar Jano con su expresión más inocente—. Era por saber.

Su padre le miró con desconfianza y Jano siguió sorbiendo la sopa pensativo, con la cabeza apoyada en la otra mano, como si le pesara una tonelada. Lo que le pesaba, en realidad, eran las circunstancias. Su primer día de vacaciones no podía ser más desalentador. El faro se había convertido en un lugar vacío, con olor a cerrado, gobernado por un cerebro metálico que había expulsado a Aurora y amenazaba con desterrar a Tristante. Y, encima, Tea estaba insoportable.

Pensaba seriamente si no habría sido mejor haber ido a El Escorial. Si estuviera allí al menos no se habría enterado de nada y todo seguiría igual que antes.

4

Por la mañana, con el último bocado de magdalena aún en la boca, Jano cogió la toalla y la bicicleta y salió hacia casa de Tea. Ella no estaba, pero su padre le dijo dónde podía encontrarla un poco más tarde. Estaría en el muelle al terminar la clase de vela.

Jano bajó al puerto serpenteando por las intrincadas calles de Piedrasnegras. La mayor parte de ellas terminaban en escaleras, por lo que dar con la bajada adecuada se convertía para Jano en un juego similar a encontrar la salida de un laberinto. Un juego que conocía de sobra y aun así seguía divirtiéndole.

Además, aquella mañana estaba contento, y por eso iba silbando al tiempo que hacía cabriolas sobre la bicicleta. Estaba contento sobre todo porque sabía lo que tenía que hacer: convencer a Tea de que lo mejor para todos era que Aurora volviera al faro y de que juntos debían trazar un plan para lograrlo.

—Así de sencillo —dijo en voz alta.

A lo lejos, sobre la superficie brillante del mar, flotaban las pequeñas embarcaciones de la escuela de vela, deambulando sin rumbo, como una bandada de gaviotas que se hubiera posado a descansar antes de reemprender el vuelo. De vez en cuando, se oía la voz del monitor dando las órdenes pertinentes para que los alumnos llevasen a cabo la maniobra adecuada.

Apoyado en la bici, Jano les observaba desde el muelle tratando de descubrir a Tea. Por más que buscó algún indicio que le ayudara a identificarla, no lo consiguió. Los chalecos salvavidas color naranja y las gorras que cubrían las cabezas hacían difícil la tarea a tanta distancia.

Sólo cuando enfilaron el embarcadero pudo distinguirla. Era la única que llevaba una gorra diferente a las demás. Tea cubría su cabeza con la misma gorra marinera que llevaba el día anterior, lo que ya empezaba a picar la curiosidad de Jano.

—¿De dónde has sacado esa gorra? —preguntó a modo de saludo.

—¿Qué le pasa? —preguntó a su vez Tea, mientras se despojaba del chaleco.

—Que es muy rara.

—¿Muy rara? Es una gorra de marinero. ¿Nunca has visto una gorra de marinero?

Parecía molesta por el comentario de Jano. Se quitó el chaleco salvavidas ignorándole.

Jano intentó arreglarlo:

—No, si está muy bien. Pareces un auténtico lobo de mar.

Tea le miró de soslayo y dijo:

—Me da igual lo que parezca. A mí me gusta.

Jano se rascó la cabeza de pura impaciencia consigo mismo. ¿Cómo había logrado estropearlo todo con una sola y estúpida pregunta?

Tea, ajena a estos pensamientos de Jano, se cambiaba las sandalias de goma por las zapatillas que había dejado ocultas bajo una de las barcas, mientras Jano se apresuraba a buscar la manera de reconducir la situación.

—Oye, has perdido un pendiente —dijo.

Tea le miró y esbozó media sonrisa irónica.

—¡No me digas!

—En serio, sólo llevas un aro —insistió Jano, tocándole la oreja vacía.

—Es que... sólo me he puesto uno —dijo Tea, subrayando el «sólo».

Jano hizo un gesto de incomprensión.

—¡Ah! Ya.

Se sentía tan desconcertado que en aquel momento ignoraba si podría volver a hablar alguna vez.

Su cara debía de reflejar su confusión mental, porque Tea, después de mirarle un rato con la risa bailándole en los ojos, no pudo evitar una carcajada.

—¡Anda! No pongas cara de pasmarote —dijo, dándole una palmada en el hombro—. ¿Qué ibas a hacer? ¿Por qué has bajado? ¿Vamos a la playa?

Para la batería de preguntas de Tea, Jano sólo tuvo una respuesta apresurada:

—Vale.

—Tienes que subirme hasta casa. Voy a pasar a por la toalla —dijo, encaramándose en el portabultos de la bici—. ¡Vaya antigualla! —murmuró de paso—. Anoche te estuve esperando hasta las tantas —dijo, haciéndole cosquillas en la cintura.

—¡Para! —resopló Jano, que se las veía y se las deseaba para subir la empinada cuesta con el peso de los dos—. Estuve con Aurora. En el faro. Tenemos que hablar —dijo entrecortadamente Jano.

—¿De qué?

—Ahora te lo cuento —resopló.

Jano estaba perdiendo el aliento por el esfuerzo.

—¡Qué flojo! ¡Dale duro, campeón! —le espoleó Tea, agitando sus piernas en el aire imitando el pedaleo.

—¡Para! —volvió a pedirle Jano.

—Espérame aquí —dijo Tea, cuando llegaron a su casa—. O coge lo que quieras del frigorífico.

Se perdió por el pasillo hacia su dormitorio y regresó al cabo de unos minutos, ajustándose una riñonera a la cintura, y con la toalla en torno al cuello.

—Tengo un ordenador nuevo. Un portátil que es una maravilla —dijo.

A Jano no le sorprendió la noticia. Ya estaba acostumbrado a que Tea cambiara de ordenador con la misma facilidad que de zapatos.

—Claro, tú no tienes problema. Tu padre consigue lo que quieras.

El padre de Tea trabajaba en una multinacional de la informática y eso le permitía tener a su disposición los últimos modelos que salían al mercado tanto para su uso como para el de su hija. Tea, desde muy pequeña, se había familiarizado con el uso de los ordenadores. Tanto, que casi podría decirse que había sido su único juguete.

—¿Por qué no me lo enseñas ahora? —preguntó Jano.

—Porque no. No tenemos tiempo —respondió tajante.

Mientras sacaba su bici, fue enumerándole uno por uno todos los juegos que tenía instalados, para asombro de Jano que, en esta materia, andaba bastante despistado. Todo su conocimiento se agotaba en una anticuada Play Station con la que apenas le dejaban jugar. Eso sin tener en cuenta que su ordenador era un PC tan antiguo como su bicicleta. Un desastre.

—Pero lo más divertido no son esos juegos —siguió diciendo Tea.

—¿Qué es entonces? —preguntó Jano intrigado.

—Otras cosas más interesantes. Tiene unas posibilidades... —dijo ella, dejando en el aire una pausa misteriosa.

Y como si se hubiera arrepentido de haber hablado de ello, cambió de conversación:

—Vamos a la playa.

—Hola.

El padre de Tea acababa de aparecer en el umbral.

—¿Con quién hablas? —preguntó—. ¡Ah! Eres tú, Jano. Por cierto, diles a tus padres que esta noche me acercaré a verles.

—Se lo diré.

—¿Vienes a la playa, papá? —preguntó Tea.

—Tengo que terminar un trabajo y enviarlo. Id por delante con las bicis, yo iré más tarde.

Jano se alegró de que fueran solos. Sentía que los hilos de su amistad se estaban rompiendo. Ya no percibía en Tea aquella seguridad ciega que antes tenían el uno en el otro, cuando no necesitaban casi ni hablar, porque una sola mirada bastaba para entenderse. Ahora Tea parecía distinta. Y en su mirada ya no había la misma sintonía. A veces parecía estar muy lejos y eso no le gustaba a Jano. Quería recuperar a la Tea de siempre y alejar a aquella otra que le helaba el alma, la que a ratos veía asomar bajo la extraña gorra de marinero que se empeñaba en llevar a todas horas.

Además, tenía que hablarle de su encuentro la tarde anterior con Aurora. Eso era muy importante: que Tea supiera lo desgraciada que se sentía alejada del faro.

—¿Qué era lo que tenías que contarme de Aurora? —preguntó Tea, poniéndose a la par con Jano.

—Cuando lleguemos.

—Ahora —le conminó Tea, arrinconándole contra la cuneta.

Jano logró zafarse y salió esprintando, perseguido de cerca por ella.

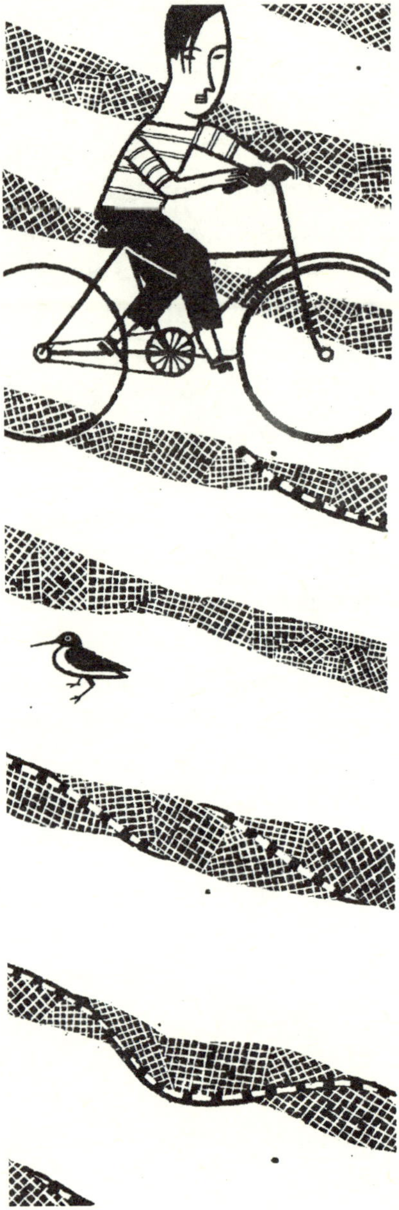

La marea estaba muy baja, dejando a la vista una gran extensión de arena y rocas que formaban innumerables recovecos y pequeñas calas. Tea se adelantó y llevó a Jano hasta el extremo de la playa, el punto más alejado del arenal central, donde solían ponerse los de su pandilla.

—Los demás están allí —le advirtió Jano.

—Mejor. Lo que tenemos que hablar es alto secreto, ¿no? —dijo Tea, con cierto tono de burla.

Jano la miró preguntándose si se estaba riendo de él. Le resultaría difícil hablar con ella si se empeñaba en volver a aquella actitud de superioridad que había mostrado la tarde anterior. Por si era esa su intención decidió impresionarla.

—¿Estarías dispuesta a hacer algo para evitar que una persona se suicide?

—¿Qué dices? —preguntó Tea sorprendida.

Jano sonrió satisfecho. Había dado en el blanco.

—Habla —le conminó de nuevo—. ¿Estás intentando asustarme?

—De eso, nada. Yo creo que Aurora piensa suicidarse.

—¿Y en qué te basas para pensar eso?

—En lo que me dijo ayer. Y en cómo estaba de deprimida.

Tea sacudió la cabeza antes de decir:

—No todo el que está deprimido piensa en suicidarse.

—Tú no viste cómo se asomaba al acantilado cuando me contaba lo triste que se sentía porque la hayan jubilado. Casi tuve que sujetarla, porque si no se tira.

Estaba decidido a exagerar si con eso lograba conmover a Tea.

Y algo había conseguido.

Se había puesto nerviosa. Dejaron las bicis apoyadas en las rocas y extendieron las toallas sobre la arena. Tea abrió la riñonera que llevaba encima y, después de buscar un rato en su interior, extrajo un cigarrillo que se colocó en la boca.

Jano se quedó estupefacto.

—¿Qué haces? —preguntó sin poder dar crédito a lo que veía.

Tea volvió a hurgar en la riñonera y sacó un encendedor que aplicó al cigarrillo. Lanzó una bocanada de humo y dijo:

—Fumar, ¿no lo ves? ¿Quieres una calada? —dijo, alargándole el pitillo—. No, deja, eres demasiado pequeño.

—Tengo los mismos años que tú —replicó Jano indignado—. Lo que pasa es que no quiero. ¿Desde cuándo fumas?

—Desde hace mucho.

Tea se recostó en las rocas con gesto displicente.

Jano no estaba dispuesto a dejarse impresionar por aquella pantomima sacada de alguna mala película.

—Desde hace mucho, no. El año pasado no fumabas.

—Bueno, no. Desde hace unos meses —respondió vacilante.

—¿Y tu padre lo sabe?

—No creo. Aunque le robo los pitillos a él, no se entera.

Mientras hablaba, Tea daba caladas al cigarrillo con falsa seguridad, que a veces se quebraba con una inesperada tos. Jano se daba cuenta de que el humo entraba por donde no debía. Cuando eso ocurría, Tea sujetaba el pitillo con más fuerza entre sus dedos y miraba al horizonte dando a entender que lo tenía todo controlado.

Jano no sabía si reír o llorar. Entre las brumas de su turbación entrevió una explicación: tal vez se había vuelto loca, pensó. Por la separación de sus padres. Ella siempre había estado muy unida a su madre pero, al estar en el extranjero y no poder vivir con ella, a lo mejor había perdido la razón, dedujo.

En esa línea de razonamiento le preguntó:

—¿Has sentido mucho la separación de tus padres?

—Claro. Sobre todo he sentido que mi madre se fuera a la India.

—¿Qué está haciendo allí?

—Su trabajo. De médico.

—Y ¿cuándo va a volver?

—No lo sé. A lo mejor dentro de un año o así.

—¿Por qué se fue a la India?

—Porque cree que allí su trabajo es más útil. Y también por Lamia.

—¡Ah! Lamia. ¿Volverá cuando vuelva tu madre?

El rostro de Tea se endureció y en sus ojos apareció de nuevo aquella lejanía que tanto disgustaba a Jano.

—No. Lo más seguro es que no vuelva nunca.

A Jano le llamó la atención la firmeza de su respuesta.

—¿Por qué?

—No quiero hablar de eso ahora.

Tea hizo como si el humo hubiera entrado en sus ojos, le dio la espalda a Jano y apagó el cigarrillo en la arena.

—¡Esto es una porquería! —se lamentó.

Jano se tumbó en la toalla y escondió la cabeza entre las manos. Se diría que el mundo estuviera a punto de derrumbarse sobre él.

Al rato, Tea se tendió a su lado.

—¿De verdad piensas que Aurora se quiere suicidar?

Jano se encogió de hombros. En aquellos momentos era incapaz de pensar nada coherente.

Al cabo de un rato, Tea propuso:

—Si quieres esta tarde vamos a ver a Aurora. ¿Sabes dónde vive ahora?

—Va todas las tardes al faro. Está obsesionada con que no se va a encender.

—Mejor. Vamos al faro. Pero vamos solos; no digas nada a los demás. ¿Has visto el ordenador?

—Sí. Es una birria.

—¡Qué sabrás tú de ordenadores, si tienes una patata *cacaroñada*! —se burló Tea.

—¿*Cacaroñada*? —se rió Jano—. ¿De dónde has sacado eso?

5

Cuando Jano llegó al faro, Tea ya estaba allí. Desde lejos distinguió su figura recostada contra la verja. Le dio la impresión de que estaba fumando y apagaba el cigarrillo al verle llegar, aunque no estaba seguro.

Todavía llevaba la gorra de marinero. Jano se preguntó una vez más por qué. Era lógico que la llevara en la clase de vela y en la playa. Sin embargo, parecía haber pasado a formar parte inevitable de su indumentaria. No sabía por qué le molestaba, pero le molestaba. Igual que le molestaba que fumara. Ambas cosas le parecían falsas y pensó que quizá tuvieran relación una con otra. Empezó a pensar que tenían algún significado que se le escapaba, como tantas otras cosas que se le escapaban del comportamiento de Tea. Se lo habría preguntado, pero no se atrevió. Con la otra Tea, con la de siempre, hubiera bromeado sobre el tema y se habrían reído juntos. Con la nueva Tea, con la que fumaba, la que despreciaba las historias del fantasma del faro... Ésa, lo más probable era que le soltara un bufido y le recomendara no meterse donde nadie le llamaba.

—¿Crees que vendrá? —preguntó Tea, sin contestar al saludo de Jano.

—Claro. Me aseguró que venía todas las tardes para comprobar que el faro se enciende.

Rodearon el recinto y caminaron hacia el antiguo faro, una torre de piedra medio derruida que quedaba al borde mismo del acantilado. Tea se asomó al vacío a través del hueco que años atrás había ocupado la campana que se hacía sonar en las noches de niebla.

—A lo mejor se ha suicidado —dijo solemne.

Jano la miró asustado. Aquella palabra había sonado brutal en sus labios.

—No me mires así. Eres tú el que ha dicho que pensaba hacerlo.

—Que piense hacerlo —remarcó Jano— no es que vaya a hacerlo ya. Hay mucha diferencia.

—Es lo mismo. Si alguien está decidido puede hacerlo en cualquier momento.

Jano se sentía incómodo con aquella conversación. Empezaba a pensar que quizá había dramatizado demasiado al hablarle a Tea de la situación de Aurora.

—Bueno, a lo mejor exageré un poco —reconoció Jano con humildad— y sólo está deprimida, vale.

—A lo mejor el nene se lo ha inventado todo y Aurora está tan feliz en su casa —se mofó Tea.

Jano reaccionó con enfado:

—¿Qué te apuestas a que no? Ya lo verás.

—Lo que pasa es que a ti te encantan las historias de miedo. Las historias de muertos, de fantasmas y tonterías así —siguió burlándose Tea.

—Yo no creo en historias de fantasmas, creo en la historia de Tristante, que es muy distinto —se defendió Jano.

—Yo no veo la diferencia. Puede que haya existido un farero que se llamaba Tristante, pero todas esas historias que se cuentan, que se convirtió en fantasma, y que ande ululando por ahí... Todo eso no me lo creo.

—¡Ja! Pues te lo creías. ¿Te acuerdas de aquella noche cuando íbamos para casa y oíamos pasos detrás de nosotros y nos volvíamos y no había nadie?

—Era el viento.

—El viento no hace ruido de pasos.

A través del hueco vacío de la campana ambos contemplaban en silencio el horizonte. El viento siseaba en las aristas y en los huecos de la piedra y parecía cantar una melodía que venía de lejos. El roce de unas pisadas blandas se sumó a la música y ambos se giraron sobresaltados.

—¡Hola, chicos!

—¡Hola, Aurora! —respondieron Jano y Tea al unísono, conteniendo el aliento.

—¿Os he asustado? He visto las bicis apoyadas en la verja, por eso pensé que estarías aquí. ¿Qué tal, Tea?

Le dio un beso y la miró con ojos escrutadores. En su mirada había una pregunta. Una pregunta que no llegó a formular. Sólo dijo:

—Echaremos de menos a tu madre este verano.

—Ya, y yo. Ella está bien. Es feliz en la India, haciendo su trabajo.

—Todo cambia, nos guste o no —dijo Aurora, melancólica.

Jano y Tea intercambiaron miradas.

—Voy a regar las plantas y a abrir un poco. Jano dice que huele a cerrado.

—Dije que no huele como cuando estabas tú —se defendió Jano—. Entonces olía a bizcocho —bromeó relamiéndose.

Aurora suspiró profundamente.

—Yo también echo de menos aquellas tardes de merienda. Me encantaba hacerlo.

Jano y Tea la siguieron hasta el interior. Tea miró a su alrededor y preguntó:

—¿Dónde está el ordenador?

Jano hizo un gesto con la mano señalando hacia la torre.

—En la torre —ratificó Aurora—. Esperad un momento. Ahora os abro.

Desapareció por uno de los cuartos laterales y al cabo de un momento reapareció con una enorme regadera de zinc llena de agua.

—Por cierto, creo que tú sabes mucho de ordenadores, según me dijo tu padre —dijo, dirigiéndose a Tea.

—Bueno, lo normal —admitió ésta, ajustándose la gorra.

—Querrás decir lo normal para vosotros, los jóvenes. Yo no tengo ni idea. Venga, vamos arriba.

En el interior de la torre resonaron sus pisadas sobre la escalera metálica. El eco de cada paso quedaba flotando en el aire, mezclándose con el siguiente. Se diría que estaba subiendo un ejército.

En el rellano amplio que había a mitad de la escalera, Aurora se detuvo.

—Un día trajeron eso —dijo, haciendo un gesto con la mano—. Lo dejaron ahí y me dijeron que era el ordenador. Fue como decirme: ya te puedes ir a tu casa. Aquí no haces ninguna falta.

Jano le dio un codazo a Tea para llamar su atención sobre las palabras de Aurora. Pero aquella le ignoró. O hizo como si le ignorara. Se acercó al estante donde reposaba el ordenador.

—¿A que es una birria? —preguntó Jano, intentando que Tea corroborara su opinión.

Tea no respondió. Siguió estudiando el aparato, poco más grande que un vídeo y con un lateral abierto por el que dejaba ver parte del interior.

—Para mí es un trasto del que no me fío —dijo Aurora, cruzándose de brazos.

Observaba a Tea, como esperando que le diera la razón.

—Y no soy la única, ¿eh? —añadió, al tiempo que alzaba un dedo admonitorio—. Hay mucha gente no se fía de él.

—¿Qué quieres decir? —preguntó Tea, mientras pulsaba algunas teclas y botones.

—¡Ay! No toques nada, nena —le advirtió alarmada Aurora—, que si se estropea algo yo no sé arreglarlo. A ver si vamos a meter la pata. Estos aparatos son muy delicados.

—No pasa nada —la tranquilizó Tea—. ¿Por qué dices que no eres la única que desconfía del ordenador?

—Los marineros de toda la vida tampoco se fían.

Y añadió en tono confidencial:

—Me lo han dicho a mí. Se sentían mucho más tranquilos conmigo, porque, si pasaba algo, ahí estaba yo para buscar una solución. Ahora, en cambio, si ya no hay nadie aquí...

—¿Alguna vez se apagaba el faro antes? —preguntó Jano.

—Ya lo creo. Más de una vez.

—Y ¿qué hacías entonces? —preguntó a su vez Tea.

—Si funcionaba el equipo de emergencia, nada. Aunque en alguna ocasión también falló. En los tiempos que escaseaba el gasóleo, en la posguerra, por ejemplo. Una vez —recordó Aurora— siendo yo todavía una niña, mi padre volvió a encender la hoguera en la torre de piedra. Como en los tiempos heroicos de Tristante —dijo con orgullo—. No había combustible —prosiguió—, ni se sabía cuánto podía tardar en llegar. Mi padre no podía soportar que el faro estuviera a oscuras, de modo que juntamos leña y encendimos la hoguera durante varias noches. ¡Fue precioso!

—¿Y os pasabais la noche echando leña? —preguntó Jano.

—Claro, como fogoneros. Era una fiesta para todo el pueblo. Allí estábamos todos. En aquellos tiempos había pocas diversiones y muchas ganas de juerga. Aprovechábamos cualquier excusa.

—La luz de la hoguera no llegaría muy lejos —dijo Tea.

—Lo suficiente para advertir a las embarcaciones. Claro que la luz de una hoguera no alcanza tantas millas como las bombillas de mil vatios, pero bastaba para señalar el punto. Los faros son estrellas en tierra para la gente de la mar. Y las estrellas, aunque no brillen siempre con la misma intensidad, están ahí. Igual que el ángel de la guarda.

Aurora hablaba con pasión de su trabajo, pero el brillo de su mirada se apagó de pronto, quizá al recordar que eso ya pertenecía al pasado.

A Jano no le pasó desapercibido el cambio.

—A lo mejor se dan cuenta de que se han equivocado y te piden que vuelvas —dijo, intentando animarla.

Tea, por su parte, había vuelto a centrarse en el estudio del ordenador y parecía ajena a la conversación. Sin embargo, no era así.

—El GPS es el mejor ángel de la guarda para los marineros —dijo, sin apartar su atención del aparato.

Aurora sacudió su melena corta y estiró el cuello, al tiempo que se alzaba un poco sobre las punteras de los pies. Sus ojos temblaron agitados por un vendaval interior.

—Los sistemas modernos también se estropean, querida. Y las cosas que suceden en medio de una tormenta son imprevisibles y a veces misteriosas...

Tardó en encontrar las palabras adecuadas para continuar:

—El mar es... es... como un león. Juega con los barcos del mismo modo que haría un león enfurecido con un ratoncito; podría acabar de un solo zarpazo con él, pero a veces parece divertirse machacándolo poco a poco; quitándole, una por una, las escasas posibilidades de defenderse con que cuenta. Entonces no hay GPS que valga. ¿A qué crees tú que se agarra en esos momentos un marinero? —preguntó Aurora, dirigiéndose a Tea.

Jano aguardaba expectante. Él apenas sabía lo que era un GPS, pero entendía los sentimientos de Aurora. Y los compartía. Y, en aquel momento, deseaba con todas sus fuerzas que fuera capaz de hacérselos comprender a Tea.

Ésta se volvió sorprendida, con cara de no entender lo que estaba pasando y repitió el gesto de ajustarse la gorra.

—A la tierra —dijo Aurora, alzando la barbilla con orgullo—. Buscan una luz desesperadamente. Entonces sólo quedamos nosotros, los fareros.

Tea intentó disculparse de algún modo:

—No, si a mí me parece que los faros están muy bien, pero el GPS...

Aurora no la dejó proseguir:

—La mayor parte de los marineros de aquí, los que van costeando, no pueden comprarse un GPS.

—A lo mejor ni saben cómo funciona —aventuró Jano, intentando apoyar a Aurora.

—Sí lo saben —replicó ésta—, y si no lo saben lo aprenden; aunque yo diría que no se fían del todo de su exactitud.

—Pues exactos sí que son —dijo Tea con vehemencia, dispuesta a no transigir en ese punto.

—Es posible. Aun así hay quienes prefieren escudriñar en la oscuridad la luz de los faros e ir reconociendo los lugares según avanzan en el mar: allí está Tapia, allá Piedrasnegras, más allá San Ciprián... y se alegran de ver cada luz que les acerca a casa.

Su voz era segura, sólo el temblor de los hombros delataba la emoción que sentía.

Jano buscó la mirada de Tea. Un empeño inútil, porque ella, parapetada tras la visera de su gorra, parecía haber bajado un telón sobre la realidad. Jano sentía rabia dentro por aquella frialdad de Tea y se preguntó si habría algo capaz de romperla.

—¿Podemos subir hasta la linterna? —preguntó de pronto Jano, con el entusiasmo del que ha tenido una idea brillante.

—Bien. Vamos —aceptó Aurora.

Jano conservaba un recuerdo muy vivo de la primera vez que Tea y él habían subido hasta la cúpula de cristal. Había sido algo mágico para ambos.

—¡Al primero que llegue! —dijo Jano, lanzándose a la carrera escaleras arriba.

Quedaba otro tanto por subir desde donde se encontraban. Aurora intentó sumarse al juego echando mano de los restos de su ímpetu juvenil. Llegó arriba sin resuello.

—Bien mirado... ya no estoy... para estos bailes... —dijo resoplando.

Cuando logró recuperar el aliento, añadió con nostalgia:

—Pensar que no hace tanto subía los ochenta y dos escalones al trote, igual que un potrillo.

El fanal de grueso vidrio en círculos, como el ojo de un cíclope miope, reposaba sobre la plataforma. Inmóvil, parecía observar a los recién llegados con fría curiosidad e imponerles su silencio. Un silencio casi religioso, porque la cúpula de cristal tenía algo de recinto sagrado. Por un momento, sólo se oyó la respiración agitada de Aurora y el lejano rumor de las olas sobre los cantos rodados en el fondo del acantilado.

Luego, con la solemnidad de un ritual, Aurora abrió el inmenso farol, dejando a la vista las dos enormes bombillas de su interior.

—¡Son impresionantes! —exclamó Jano.

Le produjeron el mismo asombro que la primera vez que las había visto. Aurora sonreía, por primera vez aquella tarde, disfrutando con el entusiasmo de Jano.

—Aún las hay más grandes —dijo—. Algunos fanales son tan enormes que cabe un hombre dentro.

—Parecen las bombillas de Gulliver en el país de los gigantes —dijo Jano, dirigiéndose a Tea, con los ojos dilatados por el asombro.

—En el país de los gigantes no había bombillas —le corrigió Tea.

—Bueno, pues si las hubiera, serían así —insistió Jano, dispuesto a que no le arrebatasen su entusiasmo.

Aurora se apresuró a cerrar el fanal. Miró su reloj y dijo:

—Es la hora.

Casi inmediatamente se oyó un «clic» y el zumbido del motor que se ponía en marcha. La linterna comenzó a girar sobre la base, con un movimiento lento y majestuoso.

Tea abrió la puerta de acceso a la terraza que rodeaba el faro y apoyó los brazos en la barandilla. Jano se acodó a un lado y Aurora al otro.

El ojo del cíclope hacía guiños a la creciente oscuridad.

—Dibuja caminos de luz sobre la mar —dijo Tea.

A Jano le sorprendió el tono, por primera vez ni frío ni presuntuoso, sino un poco melancólico y soñador.

No dijo nada, ni siquiera se atrevió a mirarla; se limitó a asentir con la cabeza, sin importarle nada más. Y un poco más tarde, poniendo en su voz toda la pasión de que era capaz, dijo:

—Los faros no pueden desaparecer nunca.

—Quién sabe... —murmuró Aurora con un hilo de voz—. Lo que está claro es que desaparecen los fareros.

—Y si el ordenador se estropease y el faro no se encendiese, ¿qué pasaría? —preguntó Jano.

—Mandarían a alguien a arreglarlo, supongo —respondió Aurora.

—¿Y si se estropea todos los días...? —insistió Jano.

Tea callaba. Con la barbilla apoyada en sus manos, miraba absorta la oscuridad cada vez más densa del horizonte, manteniéndose al margen de la conversación de Jano y Aurora.

—¿Por qué se iba a estropear todos los días? Dicen que no falla nunca —apuntó Aurora.

—Ese ordenador me parece que es muy malo. A lo mejor se estropea todos los días. ¿No crees que entonces volverían a ponerte a ti?

—No lo creo. Lo cambiarían por otro. Hay pasos que no tienen vuelta atrás —dijo con desesperanza.

Tea rompió en aquel momento su silencio. Volviéndose hacia ellos dijo:

—Esto es una unidad. Lo que importa es el ordenador central.

A Jano la frase le sonó bastante enigmática, pero toda la explicación que necesitaba la vio en los ojos de Tea bajo la luz del faro: allí estaba de nuevo la magia que les había atrapado de niños, la magia de las historias de Aurora sobre naufragios y fantasmas. Una magia a la que Jano se agarraba, náufrago él también en un mundo que cambiaba demasiado deprisa a su alrededor. Y no estaba solo. Tea estaba con él.

Llevado por el entusiasmo de su descubrimiento, le rogó a Aurora:

—Háblanos de Tristante. Cuéntanos la historia del fantasma.

—¡Venga ya! Déjate de fantasmas —protestó Tea, echando un jarro de agua fría sobre las ilusiones de Jano.

Aurora le miró y le sonrió con dulzura. Ella comprendía lo que pasaba en su interior.

—¿Sabes? El día que trajeron el ordenador ocurrió una cosa muy curiosa. Yo estaba esperándoles a la hora que me habían dicho que llegarían. Pero fue pasando el tiempo y no venía nadie. Ya era de noche cuando vi acercarse las luces de un coche. O lo que yo tomé por las luces de un coche, porque, cuando bajé a abrir la puerta, en la campa no había nadie. Había empezado a subir la niebla y estaba todo a oscuras.

Jano y Tea escuchaban con atención la narración de Aurora.

—Volví para dentro y decidí que esperaría quince minutos más. Era muy tarde, y pensé que si no habían llegado sería porque habían decidido dejarlo para el día siguiente por alguna razón. Esperé los quince minutos y más, y cuando vi que se había hecho realmente tarde y no aparecían resolví marcharme. Al llegar al cruce de las Ánimas me encontré con un coche que venía despacio.

»Se paró a mi altura y el conductor me preguntó:

—Por favor, ¿puede decirme cuál es el camino que lleva al faro?

—Ése —les respondí yo—. Pero allí no hay nadie ahora —añadí.

—¿No sabrá usted por casualidad dónde podríamos encontrar a Aurora la farera? —volvieron a preguntarme.

—Pues, por casualidad, la persona que buscan soy yo —dije.

—¡Menos mal! —parecieron respirar aliviados—. Traemos el ordenador para el faro.

—Les esperaba hace más de dos horas —les dije yo.

»Y entonces me contaron lo que les había pasado.

—Hace más de dos horas que damos vueltas —comenzó a explicar el conductor—. No sé cómo hemos podido despistarnos, pero al llegar a este cruce el resplandor del faro cambiaba de lugar y en vez de verlo de frente parecía estar a la derecha. Seguimos la pista que llevaba hacia allí y no llegamos a ningún sitio. El camino se acababa de pronto al borde del acantilado.

—Nos pasó lo mismo varias veces —dijo su acompañante—. Parecía que estuviéramos dando vueltas en torno a un punto.

—No —le corrigió el conductor—. Parecía que el faro cambiara de lugar. Hemos estado a punto de despeñarnos. No me explico lo que ha pasado.

»Los pobres estaban pálidos y sudorosos, aunque no hacía ningún calor —concluyó Aurora.

Jano estaba disfrutando con la historia.

—Eso es que Tristante trataba de confundirlos para que no llegaran con el ordenador —dijo ilusionado.

Aurora sonrió.

—Es fácil perderse por aquí si no conoces el lugar; con tantos caminos y sin otras luces que las del coche.

—Y más si había niebla —añadió Tea.

—Ya, y eso de que la luz del faro cambiaba de sitio, ¿qué? —preguntó Jano.

—Eso les parecía por las vueltas y revueltas que da el camino. Es fácil despistarse —dijo Tea—, lo que pasa es que tú siempre estás dispuesto a ver fantasmas.

Aurora sonreía complacida con la pugna entre ambos.

—No sé lo que pensarían ellos. Lo cierto es que les ofrecí la posibilidad de quedarse a dormir aquella noche en el faro. No me costaba nada hacerles las camas. Se negaron en redondo. Me pidieron el nombre de algún hotel y dijeron que volverían por la mañana a instalar el ordenador. Al día siguiente, mirando el entorno, no se explicaban cómo podían haberse perdido y discutían entre ellos: «Te digo que la luz se veía a la derecha y no donde debía estar». Se pasaron toda la mañana discutiendo.

—A mí me parece que son las cosas típicas de Tristante —dijo Jano muy convencido, confiando en vencer las reticencias de Tea.

Sin embargo, ésta persistió en su actitud escéptica, sin ceder ni un milímetro, y siguió burlándose de Jano.

Aurora se reía, pero en sus ojos Jano vio un destello de picardía y de apoyo. «Yo estoy contigo», parecían decirle.

6

Jano estaba impaciente por encontrarse de nuevo con Tea. Aquella noche le pareció que las horas pasaban demasiado lentas, incluso las del sueño. Se despertó varias veces creyendo que ya era el momento de levantarse y, sin embargo, era de madrugada.

Estaba impaciente por saber qué Tea sería la que prevaleciera aquella mañana: si la que había visto a la luz fugaz del faro, la Tea de siempre con la que se podía contar para cualquier cosa, o la otra, la que se escondía tras aquella odiosa coraza de indiferencia y frialdad, la que se burlaba de todo, la que ocultaba sus ojos bajo la visera de aquella gorra absurda.

También estaba impaciente por saber el significado exacto de sus palabras cuando dijo: «Lo que importa es el ordenador central».

Todas esas impaciencias le llevaron al muelle muy temprano a la mañana siguiente, pero Tea ya estaba en el mar, en la clase de vela.

Sentado en el espigón con cara melancólica se aburrió durante un tiempo interminable. En la distancia, seguía las evoluciones de los Optimist sobre la superficie de plata del agua y oía las voces del monitor con una claridad sorprendente. A él también le habría gustado apuntarse al curso; sobre todo por estar con Tea, pero como habían llegado unos días tarde, su padre dijo que no iba a pagar un curso entero por la mitad de las clases.

Las embarcaciones enfilaron hacia el muelle. Jano se levantó y fue a esperar a Tea al acceso del pantalán.

—¡Hola! —saludó ésta, agitando la mano.

Una gran sonrisa iluminaba su rostro, lo cual era un buen presagio, y desató una cascada de sensaciones y proyectos en la mente de Jano.

—¿Me ayudas a pintar el barco con mi padre? —dijo Tea, cuando llegó a su lado.

Jano, un poco desilusionado, miró a su alrededor y preguntó:

—¿Cuál? ¿Te refieres a la barca? ¿La *Cruz del Sur*? No la había visto.

—No. Ésa la vendimos. Mi padre se ha comprado un barco nuevo. Aquél —dijo, señalando una embarcación que se encontraba en el muelle, sobre una especie de parrilla.

Jano lanzó un silbido de admiración:

—¡Vaya bicho! —dijo, acompañando sus palabras con un expresivo gesto de las manos.

Tea parecía muy complacida por el asombro de Jano.

—Es precioso, ¿verdad?

—Con éste se podría dar la vuelta al mundo —dijo Jano, para demostrarle hasta qué punto estaba impresionado.

—Sí. Algún día lo haré —aseguró ella, con la mayor naturalidad—. Tiene dos motores, además de las velas, claro —siguió describiendo Tea a un boquiabierto Jano, cuya imaginación ya se había desbocado figurándosela de navegante solitaria alrededor del globo.

—Y un camarote enorme, y cocina y ducha. Ya lo verás.

Jano sintió una mano en su espalda que le devolvió a la realidad.

—Veo que tenemos ayudante.

El padre de Tea acababa de llegar. Dejó en el suelo la bolsa de plástico que traía en la mano y empezó a sacar botes de pintura y brochas.

—Venga, ésta para ti —dijo, alargándole una brocha—. Hay que pintar el folio y el nombre.

Mientras el padre de Tea intentaba adaptar la plantilla sobre la popa y delineaba las letras que iban a pintar, Jano intentaba descifrar el nombre, sin conseguirlo:

—¿No se va a llamar igual que el otro? —preguntó.

—No —se apresuró a responder Tea—. Se llamará *Resolution*.

—¿*Reso*... qué? —se extrañó Jano.

—*Resolution* —repitió Tea, con tono de infinita paciencia.

—¿De dónde has sacado ese nombre tan raro?

—Es un barco que existió una vez —dijo Tea—. Bueno, en realidad no existió. Es de un libro.

—¿De qué libro?

—Da igual —dijo, encogiéndose de hombros.

—Anda, cuéntale a Jano tus planes —intervino el padre de Tea, asomando la cabeza por encima de la borda.

—Papá, por favor —dijo ella, mirándole con ojos suplicantes.

—No se hable más. A trabajar. Yo pinto el folio y vosotros el nombre, ¿de acuerdo, capitán?

Jano asintió distraído con un leve movimiento de cabeza. Le intrigaba el extraño nombre del barco sacado de un libro misterioso, le sorprendía la afirmación contundente de Tea de que iba a dar la vuelta al mundo, pero, por encima de cualquier otra cosa, le dolía sentirse marginado de sus planes hasta tal punto que ni siquiera le consideraba digno de conocerlos.

—Tú pintas desde el principio y yo desde el final, ¿vale? —propuso Tea, yéndose al otro extremo.

—Uhum —asintió Jano mohíno.

¿Por qué el mundo le parecía tan raro últimamente?, se preguntaba mientras se esforzaba en pasar la brocha por el lugar marcado. ¿Por qué la gente se empeñaba en hacer y decir cosas que él no entendía? ¿Por qué él seguía queriendo y pensando lo mismo de siempre y los demás habían cambiado? Era como si los otros y él vivieran en mundos diferentes. Con cada uno de estos pensamientos la brocha se empeñaba en salirse de la línea dibujada, aunque él se afanaba en volverla al lugar correcto.

Miró a Tea, concentrada en que cada brochazo fuera perfecto. No parecía haber nada más importante para ella. Se había equivocado al creer la noche anterior que compartían la misma preocupación por Aurora, que seguían compartiendo la pasión por sus historias y que podría contar con ella para salvar ambas cosas. No podía contar con ella porque, en realidad... Le asaltó de pronto una idea espantosa que hizo que la brocha temblara en sus manos: quizá ése fuera el último verano que Tea iba a Piedrasnegras.

—Si tú no haces nada por Aurora lo haré yo —dijo Jano de sopetón, dejando de pintar.

Tea le miró un instante y volvió a su tarea tan tranquila.

—¿Y qué vas a hacer? —preguntó, después de un silencio.

—Pues... —dudó un momento y añadió resuelto—: tirar el ordenador por el acantilado.

Tea soltó una carcajada.

—¡Menuda tontería! —dijo, sin dejar de pintar—. Traerían otro al día siguiente.

—Pues lo tiraré también.

—Y, encima, te pillarán e irás a la cárcel.

—No. Soy pequeño para ir a la cárcel. Y, además, le echarían la culpa a Tristante.

Tea dejó la brocha dentro del bote de pintura y se incorporó.

—¿Qué has hecho...? —exclamó, entre asombrada e indignada.

Jano miró hacia donde señalaba Tea y no supo qué decir. Las letras que había pintado él habían seguido una trayectoria ascendente imprevista. *Reso...* terminaba unos cuantos centímetros más arriba que *...lution*.

Ambos se quedaron en silencio mirando el resultado, hasta que estallaron en una carcajada.

—¿Qué ocurre? —preguntó su padre, desde el otro costado de la embarcación.

—No te pierdas esta obra de arte —dijo socarrona Tea.

Jano tuvo que aguantar las rechiflas de los dos y volver a pintar su parte tras fracasar en el intento de convencerles de que así quedaba más original.

—Tan original como el nombre —argumentó sin éxito.

Tea sostenía el bote de pintura mientras Jano reparaba el desastre bajo su atenta vigilancia.

Cuando menos lo esperaba, Tea dijo:

—Yo también creo que debemos hacer algo por Aurora. Realmente está muy triste. Pero será a mi modo, según mis reglas; y tú te limitarás a hacer lo que yo te diga, ¿vale?

—Vale, vale —admitió sumiso Jano—. Y ¿qué haremos?

—Desde luego, nada de tirar el ordenador por el acantilado —se burló Tea.

—¿Qué, entonces? —insistió Jano.

—Ya lo verás. Y, sobre todo, no digas nada a nadie de nuestros planes. Tiene que ser un secreto. Júramelo.

—Te lo juro.

—No. Júramelo por lo que más te importe.

—Te lo juro por Tristante —se burló Jano.

—Vale, y si no lo cumples que te lleve con él y te obligue a arrastrar las cadenas más gruesas del mundo durante toda la eternidad.

Ambos se rieron.

7

Durante los días siguientes Tea estuvo esquiva con todos. Jano iba a esperarla cada mañana al término de la clase de vela, pero ella siempre daba alguna disculpa para no ir a la playa o a las excursiones que habían planeado los demás.

—Estoy muy ocupada —decía haciéndose la importante.

—¿Con qué?

—Con lo que tú ya sabes.

—No, no lo sé porque no me lo has contado. Y, por cierto, ya podrías ir diciéndome lo que tengo que hacer.

—Nada.

Y se escabullía dejando en el aire alguna frase críptica del estilo de:

—Ya tengo instalado el SFPT.

El padre de Tea le dijo a Jano que se pasaba las horas encerrada en su cuarto jugando con el ordenador y no le dejaba entrar ni a él.

—Como es nuevo me imagino quiere ponerse al día y así poder ganar a todo el mundo —dijo—. Ya sabes lo competitiva que es.

Jano no se lo creyó. Sospechaba que había algo más. Por las palabras misteriosas de Tea y por el hecho de que se encerrara en su cuarto y no dejara entrar a nadie, sacó la conclusión de que todo ello tenía algo que ver con aquella frase que había pronunciado la tarde que fueron al faro: «Lo que importa es el ordenador central». Pero todo eso eran suposiciones de Jano.

Una noche en que él y sus padres fueron invitados a cenar en casa de Tea, Jano vio la oportunidad perfecta para averiguar por fin lo que estaba tramando.

Nada más acabar la cena, Tea se levantó de la mesa.

—¿Me perdonáis? Es que tengo que contestar un correo —se excusó.

Tea y su padre intercambiaron una mirada de entendimiento que a Jano no le pasó desapercibida.

El padre de Tea salió en su ayuda:

—Ha recibido un correo electrónico de su madre y quiere contestarle. A estas horas es más fácil, por la diferencia horaria.

—¡Pobrecita! —dijo la madre de Jano, mirándola con pena y con los ojos llorosos.

—Yo quiero mandarle un saludo también —dijo Jano corriendo detrás de Tea, sin atender a la llamada de su madre.

—¡Mira que es pesada mi madre! —se lamentó, cuando ya había salido del comedor.

—Yo no te he dicho que vinieras —le reconvino Tea.

—Ya, pero tengo derecho a saber en qué consiste el plan y, además, dijiste que me enseñarías el ordenador nuevo.

A regañadientes, Tea accedió a dejarle entrar en su habitación.

—Ni que fuera un secreto de Estado —se quejó Jano.

Cierto era que la misteriosa actitud que Tea había venido manteniendo los últimos días había hecho crecer la curiosidad de Jano y, en el momento en que pisó el umbral de la habitación, sintió que su corazón latía un poco más fuerte. Poco más o menos como si estuviera a punto de entrar en la sala central de la NASA.

La primera impresión de Jano fue de extrañeza. Aquella habitación no se parecía a ninguna otra de ninguna chica que él conociera. Tampoco conocía muchas —tuvo que admitir—, pero lo cierto era que ni siquiera se parecía a la habitación de la misma Tea en Madrid. No había muñecas, ni ositos de peluche, ni fotos de artistas o cantantes. Nada más había un gran póster de un marino de ojos transparentes que asomaban apenas bajo la visera de una gorra muy parecida a la que solía llevar Tea. Que era un marino Jano lo dedujo no sólo de la gorra, sino también de la casaca que vestía y, sobre todo, del timón que asían sus manos. También llevaba un único pendiente, igual que Tea.

—Ya sé lo que vamos a hacer para que Aurora vuelva al faro —anunció, cerrando la puerta del cuarto—. Tengo un plan perfecto y, además, si sale bien, nadie lo sabrá. Pero tú tienes que guardar el secreto.

—¿Quién es ese? —preguntó Jano un poco acelerado, al ver que todo encajaba: la gorra, el pendiente...

Había encontrado la clave, aunque ignoraba aún de qué.

—Corto Maltés —respondió Tea, haciendo el ademán de estar presentando a una persona real.

—¡Ah! Encantado —siguió la broma Jano, alargando la mano en el aire—. ¿Es un pirata o algo así?

—No.

—¿Por qué lleva un pendiente?

—Antes, los marineros que conseguían doblar el cabo de Hornos y salir vivos se ponían un pendiente. Era igual que colgarse una medalla, para que todo el mundo supiera que habían logrado la hazaña más difícil.

Jano miró de soslayo hacia la oreja de Tea y dijo con sorna:

—Tú no has dado la vuelta al cabo de Hornos... que yo sepa.

—Yo soy una chica y éstos son otros tiempos. Y, además, ¿quién te ha dicho que no consiga dar la vuelta al cabo de Hornos algún día? —replicó, alzando la cabeza muy digna.

Cogió su gorra fetiche, que tenía encima de la mesa junto al portátil, y se la encasquetó con gesto retador. Luego se sentó ante el ordenador y abrió la tapa. En la pantalla apareció el mismo rostro del póster.

—¡Vaya por Dios! —exclamó Jano con tono de fastidio—. Ha debido de hacer algo muy importante para que sea tu héroe, ¿no?

—Sí. ¿Sabes lo que hizo?

Los ojos de Tea brillaban.

—Ni idea —dijo Jano con desgana.

Empezaba a estar harto de aquel tipo.

—Cuando Corto tenía diez años —siguió diciendo Tea—, una gitana le leyó la mano y vio que no tenía la línea de la fortuna. Entonces, él se fue a su casa y, con una navaja de afeitar que había sido de su padre, se la marcó. ¡Ras!

Tea acompañó sus últimas palabras con el gesto de hacer un corte atravesando la mano izquierda.

—¡Qué bestia! —dijo Jano encogiéndose.

—Sí —asintió Tea.

Un «sí» que encerraba una admiración infinita.

Entonces, Jano se dio cuenta de que Tea no estaba bromeando. Hablaba de algo muy serio que iba más allá de la devoción adolescente por su ídolo.

Abrió su mano derecha y la miró pensativo.

—La línea de la fortuna está en la mano izquierda —le advirtió Tea.

Jano miró la palma de su mano izquierda con la misma atención.

—A lo mejor yo tampoco tengo línea de la fortuna —aventuró.

—Todo el mundo la tiene —dijo Tea, con cierto desdén.

—Menos ese Corto Maltés. Pues yo, si no la tuviera, a lo mejor hacía lo mismo.

Tea le miró escéptica.

—Las personas de la realidad no hacen las mismas cosas que los personajes de los cómics.

—Entonces, tú, ¿por qué quieres ser como Corto Maltés?

—Yo no quiero ser como Corto Maltés.

—¡No poco! Llevas la gorra como él, el pendiente como él, y hasta tienes un barco, como él. Sólo te falta dibujarte la línea de la fortuna igual que hizo él.

—Qué tontería. Yo no creo en esas cosas. No voy a cortarme la mano, pero...

Se quedó un momento pensativa ante la pantalla de su ordenador y volviéndose hacia Jano dijo:

—No voy a dejar que nadie decida mi destino por mí.

Los ojos de Tea le miraron con aquella lejanía que Jano había visto la tarde de su llegada y luego en la playa, cuando mencionó a Lamia. Sin embargo, en ese momento, Jano tuvo un atisbo, similar al fogonazo de un faro que rasga la oscuridad, de lo que había tras ellos. Intuyó que no le faltaba mucho para pisar ese territorio desconocido. Aguardó ansioso que Tea siguiera hablando.

Ésta, tras un largo silencio, por fin, dijo:

—No entiendo por qué los mayores hacen ciertas cosas.

—¿Te refieres al divorcio de tus padres?

Tea denegó con la cabeza.

—No. Me refiero a Lamia.

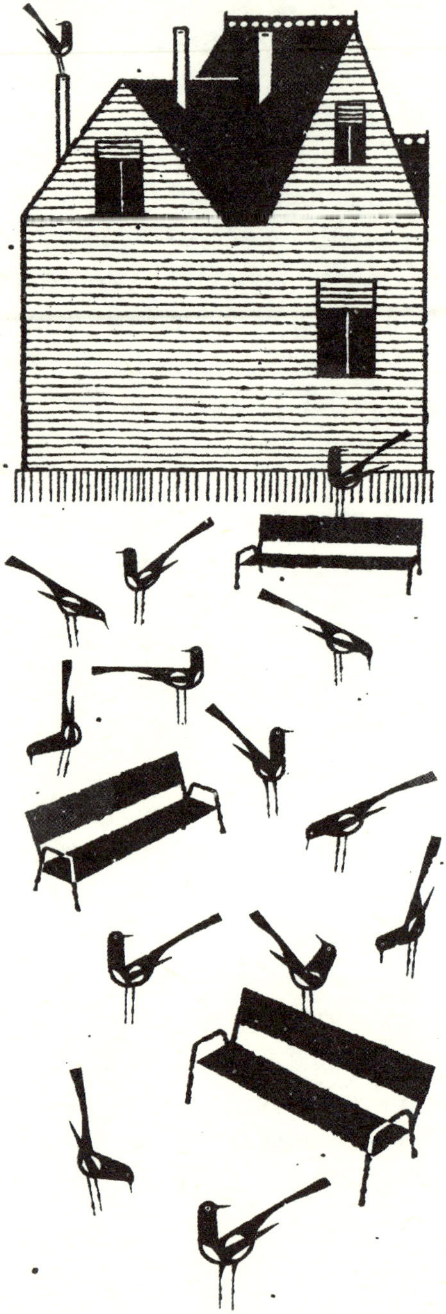

Jano apenas sabía nada de Lamia, salvo que era una niña de Calcuta que había venido a España para ser tratada de una enfermedad. La había traído la madre de Tea tras uno de sus viajes a la India. Luego supo que se había marchado inesperadamente. Pero todo había coincidido con el revuelo del divorcio de los padres de Tea y el alejamiento de ésta, y Jano apenas se había enterado de nada.

—¿Qué pasa con Lamia? ¿Por qué tuvo que irse? —preguntó Jano.

—La familia ha acordado su matrimonio con un hombre rico y tiene que casarse. Es algo que ella no quiere. ¡Tiene doce años! Ella quería quedarse en España y estudiar... y decidir qué hacer con su vida por sí misma. Íbamos a estudiar Oceanografía juntas... A ella también le encanta el mar.

La voz de Tea se quebró. Aunque intentó ocultarlo, Jano vio cómo se limpiaba una lágrima de su mejilla simulando que se rascaba un ojo. Igual que aquel día en la playa lo había disimulado con el humo del cigarrillo.

Jano trató de consolarla.

—A lo mejor tu madre puede hacer algo, ahora que está allí, para impedir que la casen.

—No creo. Me dice en el último correo electrónico que ni siquiera ha podido verla. Es como si la tuvieran secuestrada. Puede que la hayan llevado a casa de sus abuelos en Bangladesh. Nadie puede hacer nada por ella.

Jano miró su mano izquierda, pensativo, recorriendo las líneas que la atravesaban con el dedo índice de su mano derecha.

—A lo mejor —dijo—, con un pequeño corte podría cambiar su suerte.

Tea sonrió:

—Eso lo hacen los personajes de los cómics, no las personas de verdad.

—Y ¿por qué no? ¿Y si se pudiera cambiar? —argumentó Jano con entusiasmo—. A lo mejor, podría cambiar lo de Lamia, y Aurora podría volver al faro si...

—No, señor «a lo mejor» —le interrumpió Tea burlándose de su muletilla—. Más bien creo que «a lo peor» lo único que conseguían era una buena herida en la mano. Por Lamia no podemos hacer nada, por ahora; pero sí por Aurora. Y no tiene nada que ver con cortes en la mano.

—¿No?

Tea denegó con la cabeza. Había espantado los pensamientos sombríos y sólo quería hablar de sus planes.

—No. Tiene que ver con el SFPT que he bajado de Internet. Ahora estoy buscando la dirección de IP. En cuanto la tenga vamos a por ellos.

Tea usaba la jerga electrónica con soltura. En cuanto se le presentaba la ocasión, le encantaba dejar bien claro que la red no encerraba secretos para ella. Conocía todos los caminos, los legales y los ilegales, consiguiendo cuando hablaba de ello que Jano sacara los ojos de sus órbitas y pusiera cara de estúpido.

—Lo que está en el faro es una unidad —le explicaba Tea—. Voy a entrar en el ordenador central, el que envía las órdenes a éste.

—Oye, eso es lo que hacen los *hackers*, ¿no? —dijo Jano, de pronto muy alarmado.

Tea contraatacó con otra pregunta:

—¿Vamos a hacer algo por Aurora o no?

—No lo sé —dudó Jano—. ¿No es ilegal?

—La red no tiene dueño. Es como la mar —afirmó categórica.

Jano carecía de argumentos para rebatir tal afirmación, porque a Jano siempre le faltaban argumentos para discutir las aseveraciones de Tea, pero algo le decía en su interior que la similitud entre ambas cosas no estaba tan clara. Y eso le hacía dudar. Y temer que Tea se metiera en un buen lío.

Ser *hacker* no era cosa de broma.

No obstante, ella parecía totalmente decidida:

—Lo que queremos es que Aurora vuelva al faro, ¿no? Pues ésta es la mejor manera de lograrlo.

También es ilegal tirar el ordenador por el acantilado, como querías hacer tú.

—Sí, pero de eso era más fácil hacer responsable a Tristante.

—¿Por qué? Es más fácil que le echen la culpa con mi plan. Simplemente habrá fallos y, al no poder descubrir de dónde vienen, le pedirán a Aurora que vuelva. No me digas que no es genial.

Jano no estaba en absoluto convencido de la genialidad del plan, aunque le dio la razón por algo que era más importante para él: el cambio de actitud de Tea. La recuperación de su entusiasmo por la causa de Aurora le sonaba a gloria. Volvían a estar juntos, como siempre, y eso era suficiente.

Aún le asaltó otra duda, o más bien una maldad, y no pudo morderse la lengua. O no quiso, sólo por el placer de mortificar un poco el ego de Tea:

—¿Dará mejor resultado que la combinación secreta para ganar en las máquinas tragaperras?

Tea le miró con sorpresa. No esperaba algo así.

—Esa combinación era perfecta.

—¿Cómo sabes que era perfecta si no llegamos a probarla? Nos echaban de todos los sitios y en algunos casi llaman a la policía.

—Porque no tenemos edad para jugar con esas máquinas. Pero la combinación era perfecta.

—Vale. Si tú lo dices... Y yo, ¿qué tengo que

hacer? ¿Cuál es mi parte del plan? —preguntó animoso.

Tea respondió sin siquiera mirarle:

—¿Tu parte? Ninguna.

—Oye, eso no es justo —protestó Jano con energía—. Yo quiero hacer algo.

—No hay nada que puedas hacer, de momento.

Y viendo que Jano estaba dispuesto a seguir reivindicando su participación, le recordó:

—Prometiste que seguirías mis reglas.

—Bueno —concedió Jano a regañadientes—, pero si no te das prisa se pasará el mes de agosto —refunfuñó.

—No puedo ir más deprisa. Hay que seguir unos caminos.

Tea comenzó a teclear mientras Jano, de pie a su lado, se limitaba a ver pasar un torbellino de cifras y letras por la pantalla. De vez en cuando preguntaba algo a Tea, aunque ésta apenas le prestaba atención y salía del paso con cualquier respuesta que a Jano no le aclaraba nada.

Cuando se cansó de mirar sin entender palabra, se fue a jugar con la Play Station que había en la tele del rincón.

De vez en cuando, Tea se giraba y le decía la manera de hacer alguna trampa para sumar más puntos.

—Para destruir las momias de las pirámides lanza cuatro espadas en llamas.

Y volvía a centrarse en su ordenador. Más tarde se acercaba a Jano y le hacía otra indicación.

—Cuando el *ninja* se quite la máscara, dale al *start* y vuelves al principio.

El juego estaba en lo más emocionante cuando los padres de Jano decidieron que era hora de irse a casa.

—¡Vaya! —se lamentó Jano—. Ahora que estaba a punto de hacer el récord absoluto.

—¡No te preocupes, hijo! Tú eres capaz de batir el récord en cualquier momento —dijo su padre, dándole una palmadita condescendiente en la espalda.

A Jano le pareció que estaba un poco achispado.

8

Desde que sabía que Tea era una *hacker*, Jano estaba nervioso y asustado. No veía el momento de que aquello acabara. O empezara, porque en realidad ignoraba por completo lo que Tea estaba preparando. Todo lo que le había dicho del STPF y de la IP y no se sabe qué más, para él era una sopa de letras. Ansiaba que todo aquello se concretara en resultados palpables y que la historia acabara con el regreso de Aurora al faro.

Cada día, a la hora en que finalizaba la clase de vela, Jano esperaba a Tea en el muelle como un clavo.

—¿Qué? —preguntaba ansioso, mientras espiaba en su rostro la confirmación de que el plan estaba concluido y había llegado el momento de la acción.

Porque se imaginaba que el plan de Tea sería algo parecido a un videojuego llevado a la realidad.

Pero las respuestas de Tea seguían siendo escuetas y misteriosas.

—Ya he empezado a lanzar troyanos —le cuchicheó un día al oído.

—¿Troyanos?, ¿qué significa? —preguntó Jano con cara de extrañeza.

—¡Chist! —le conminó Tea, con un gesto de silencio—. ¿Quieres que se entere todo el pueblo?

—¿De qué se van a enterar si no hay nada? —dijo Jano en plan provocativo.

Tea le fulminó con la mirada y luego dijo muy digna:

—Tengo que irme.

Ésa fue su frase favorita también durante los días siguientes, que a Jano se le hicieron inacabables. Después de la clase de vela, Tea volvía a casa, se encerraba en su cuarto y si Jano o cualquier otro le proponía alguna cosa, su respuesta era siempre la misma:

—No puedo. Estoy ocupada.

La situación llegó a ser difícil para Jano ante el resto de la pandilla. No entendían lo que pasaba y, a menudo, lo asediaban con preguntas insidiosas:

—¿Estáis enfadados?

—¿Ya no sois novios?

Jano lo sobrellevaba como podía inventando las más variadas excusas.

Cada mañana, mientras tomaba el desayuno, con los ojos fijos en el calendario de la cocina, contaba los días que quedaban del mes de agosto.

—Diecisiete.

—Dieciséis.

Y, cada mañana, su ansiedad aumentaba en la misma medida que el número de días restantes iba disminuyendo.

Intentó distraerse uniéndose a las actividades del resto de la pandilla, pero ni los partidos de fútbol ni el karaoke que habían montado —su particular versión del último concurso musical de televisión— lograban interesarle.

Cada noche se dormía esperando que el día siguiente fuera aquél en que Tea le dijera que su plan ya estaba terminado.

Una mañana, Jano bajó al muelle dispuesto a darle un ultimátum.

—No creo que estés haciendo nada. Seguro que te pasas el día jugando con el ordenador. A este paso se va a acabar el verano. Sería mejor que pusiéramos en práctica mi plan.

—¿Tirar el ordenador por el acantilado? —se rió Tea.

—Por lo menos haríamos algo —se defendió Jano.

—Tranquilo. Ya está; ya tengo mis garras en su disco duro. Falta muy poco para conseguirlo. Apenas tienen cortafuegos. Está siendo más fácil de lo que pensaba.

Jano la miró receloso. Después de tanta espera le costaba dar crédito a las palabras de Tea.

—En serio. No hay quien se resista a la Corto Maltés de la red —dijo, ajustándose la gorra en su gesto habitual de reafirmación—. Esta tarde tenemos que ir al faro.

—¡Bien! —exclamó Jano, frotándose las manos.

El momento había llegado y todos sus sufrimientos desaparecieron de golpe.

Mientras aguardaban a Aurora ante la verja del faro, Tea le dio instrucciones a Jano:

—Tú tienes que entretenerla en el momento en que se encienda el faro. ¿De acuerdo?

—¿Entretenerla? ¿Sólo eso? —preguntó decepcionado.

—¡Es muy importante! —insistió Tea.

—Y, tú, ¿qué vas a hacer mientras tanto?

—Yo tengo que estar muy atenta a lo que sucede en el ordenador.

—Y ¿por qué no estoy atento yo y la entretienes tú?

Tea dudó un instante:

—Bueno, si quieres. Pero tendrías que tomar nota de todo. Yo sé de qué va y tú no. Creo que es mejor de la otra manera. Tú te entiendes mejor con Aurora.

—Vale —accedió Jano—. Tú eres la experta en ordenadores.

Cuando llegó Aurora, Jano se esmeró en cumplir a rajatabla la tarea que le habían encomendado. Cuando se acercaba la hora en que el faro debía encenderse, Jano se las arregló para llevarla lo más lejos posible del ordenador.

—Aurora, ¿puedes enseñarme los libros que tienes sobre los faros?

—Claro, ya sabes dónde están. En la estantería de la sala.

—Me gustaría que me explicaras una cosa —insistió Jano.

—Ahora mismo voy. En cuanto acabe de regar las plantas.

Jano revisó los lomos de los libros que se alineaban en los anaqueles en busca del más apropiado para pedirle a Aurora las explicaciones necesarias que la mantuvieran ocupada.

Tea, mientras tanto, se había escabullido escaleras arriba, silenciosamente, para estar frente al ordenador en el momento en que el faro se pusiera en marcha.

Jano leía en voz alta los títulos:

—*Derroteros de la costa septentrional de Europa, Derroteros de las costas de Filipinas, Derroteros de las costas de Canadá*... Todos se llaman igual. ¿Qué son derroteros?

—Derrotero es el rumbo que debe seguir un barco para llegar al puerto de destino. En estos libros están los datos para navegar por las costas de Europa, o de Canadá...

—¿Tu abuelo viajó por todos estos países? —preguntó, recorriendo con el dedo índice los lomos de los libros.

—No sé si viajó por todos exactamente. Desde luego viajó por todo el mundo. En cualquier caso, un capitán tiene que tener los mapas de todas las costas, porque nunca se sabe a dónde puede ir a parar.

Aurora abrió uno de los volúmenes.

—¿Ves? Aquí están marcados todos los faros que hay en las costas con los datos de longitud y latitud. Y, además, también se indica qué tipo de señales hay en cada uno, para que el navegante pueda identificar el punto donde se encuentra.

En aquel momento, el faro de Piedrasnegras se puso en marcha. Jano no había oído nada, pero Aurora sí, porque, un momento antes de que él notara el reflejo de la luz, ya alzó la cabeza y se quedó con el oído muy atento. Temiendo que se le ocurriera ir hacia el ordenador, Jano se apresuró a preguntar:

—Y ¿en qué libro viene el faro de Piedrasnegras?

—En... éste —dijo Aurora, después de buscar brevemente en la estantería—. *Derroteros de la costa norte de España*.

Aurora buscó la página en la que aparecía el faro de Piedrasnegras y le enseñó a Jano la ilustración que acompañaba la descripción y la historia del mismo.

—Es uno de los más antiguos de España.

—Claro, desde los tiempos de Tristante —asintió Jano.

—Sí, desde los tiempos de Tristante.

Tea no había vuelto y Jano temía que Aurora se diera cuenta de su ausencia.

—Cuéntame por qué Tristante se convirtió en fantasma.

—Te lo sabes de memoria —se quejó Aurora—. Todos los años te lo cuento.

—No, no me lo sé. Además, me gusta oírtelo. Anda, por favor, háblame del fantasma del faro.

Aurora pareció dudar. Miró hacia la puerta y Jano temió por instante que se le ocurriera ir en busca de Tea. Entonces tuvo una idea:

—Es que así prepararé un trabajo para el cole sobre la historia de Tristante.

La estratagema surtió efecto y Aurora comenzó su narración:

—Por estas costas pasaban muchos barcos llenos de riquezas. A menudo, cuando todavía no había faros y se desataba una tormenta, esos barcos acababan destrozándose contra las rocas. Todo lo que llevaban en las bodegas era arrastrado a las playas, junto con los cuerpos de los tripulantes muertos. Lo normal era que los habitantes de los pueblos costeros se aprovecharan de esas desgracias y recogieran todo lo que podían, cosas de mucho valor algunas de ellas: muebles, ropas, oro, plata...

—Y con los muertos, ¿qué hacían?

—Los enterraban, como es natural.

—Y ¿qué pasó después?

—Después se empezaron a construir faros. Al principio, muy primitivos, como has visto en esos libros; simples hogueras de leña que se hacían sobre un promontorio. Algunas gentes desalmadas, que habían visto en los naufragios la manera de hacerse ricos, cuando no había desgracias las provocaban.

»Encendían las hogueras en otros lugares para engañar a los barcos, que fiándose de la luz acababan metiéndose entre las rocas y yendo a pique. A los que hacían eso se les llamaba raqueros.

—Y, aquí, ¿había raqueros?

—Claro. En todas las costas los había. Pueblos enteros en los que sus habitantes vivían de eso. Pero era un secreto. Nadie hablaba de ello, aunque todo el mundo lo sabía. Después se hicieron torres de piedra, igual que la de ahí fuera. Y se encargó a una persona de encender la hoguera y de cuidarla. Y ahí empieza la historia de Tristante.

Jano se frotó las manos.

—Él fue el primer farero de Piedrasnegras. Era muy responsable y tenía buen cuidado de que la hoguera no se apagara en toda la noche. Un día se supo que un barco inglés, cargado de riquezas, iba a pasar por la costa aquella noche. Entonces los raqueros —que tenían sus espías en los puertos cercanos y les informaban de todo— pensaron que no podían perder esa oportunidad. Aquella noche, cuando calcularon más o menos que el barco debía pasar por aquí, enviaron a la joven más hermosa del pueblo a la torre del faro. Ella, con las malas artes que te puedes imaginar —dijo Aurora con sonrisa pícara—, distrajo a Tristante y lo mantuvo entretenido toda la noche, mientras sus compinches apagaban la hoguera de la torre y encendían otra en otro lugar que, como habían planeado, hizo caer en la trampa al barco.

»Cuando Tristante, con las primeras luces del alba, se dio cuenta de lo que había pasado, cuando vio los despojos del barco diseminados por la costa, no lo pudo soportar. Enloquecido, se arrojó por el acantilado. Nunca se encontró su cuerpo. La leyenda dice que entonces se convirtió en fantasma, condenado a vagar en torno al faro por toda la eternidad, en castigo por haber abandonado su obligación.

—Y desde entonces se dedica a dar sustos a la gente —dijo Jano, moviéndose inquieto en su silla.

Un leve toque en el cristal les hizo a ambos mirar hacia la ventana. Ya había oscurecido, pero, aun así, sólo con el resplandor del faro, habría sido suficiente para ver a una persona en el exterior que estuviera cerca.

Jano hizo un gesto de comprensión y esbozando una media sonrisa dijo:

—Seguro que es Tea.

—¡Ah! Seguro —exclamó Aurora.

Ambos, encandilados con la narración, se habían olvidado de Tea.

El repiqueteo en la ventana volvió a escucharse. Era un toque muy leve, de alguien que golpea tímidamente con la uña sólo para llamar la atención.

En ese momento, se oyó una voz trémula que provenía del rincón cercano a la puerta de la sala:

—No soy yo. Yo estoy aquí. Estaba escuchando tu historia, Aurora.

Tea salió de su rincón y se reunió con Aurora y Jano.

El toque volvió a repetirse. Los tres se miraron y Aurora, resuelta, fue hacia la ventana. Miró a través de los cristales y luego la abrió. Jano y Tea estaban detrás de ella, conteniendo la respiración.

—Pues aquí no hay nadie —dijo Aurora, volviendo a cerrar.

Miró a Jano y a Tea, que muy juntos y en silencio parecían esperar una explicación. Aurora se rió al ver su expresión y dijo:

—¿No estaréis asustados? Será cualquier tontería.

—Cualquier tontería, no —protestó Jano—. Alguien está llamando a la ventana y no podemos verlo.

—Porque es un fantasma, tonto —bromeó Tea, quien aparentemente había vuelto a recuperar su aplomo.

Jano la miró con desconfianza. A pesar de que estuviera allí, ante él, no se fiaba de que no fuera algún truco suyo.

—Vamos a salir de dudas —dijo Aurora, yendo decidida hacia la puerta.

Tea y Jano la siguieron bromeando entre sí.

—Tú también estás asustada —decía Jano.

—En absoluto —replicaba Tea—. Estaba fingiendo. Mira, salgo la primera.

Una ráfaga de aire húmedo les golpeó la cara.

Tea fue tras Aurora, seguida de cerca por Jano, que no dejaba de volver la cabeza con desconfianza, mientras caminaba con paso inseguro. Aurora inspeccionaba los alrededores ayudándose con una linterna en las zonas donde no llegaba la luz de la bombilla exterior.

El fulgor intermitente del faro iluminaba el mar, pero hacía más profunda la oscuridad al pie del edificio.

Entonces se oyó de nuevo el repiqueteo en el cristal y los tres contuvieron el aliento. Aurora alzó la linterna enfocándola hacia un ventanuco que había encima de la ventana. Era poco más que un tragaluz y correspondía al desván de la vivienda. Acurrucada sobre el alféizar vieron a una gaviota que se removió al sentir la claridad.

Los tres la observaron en silencio. La gaviota picoteó el cristal, esponjó sus plumas y se reacomodó en el escaso espacio del alféizar, indiferente a la presencia de los tres observadores.

—¡Todo tiene una explicación! —exclamó Aurora.

Tea se apresuró a ofrecer la interpretación «científica»:

—La gaviota picoteaba algún insecto en el cristal y nosotros creíamos que golpeaban en la ventana.

—Claro, es que esa ventana está justo encima, aunque no se ve desde la sala porque nada más da al desván —aclaró Aurora.

Jano, sin embargo, no se mostraba convencido.

—El ruido se oía en la ventana, no encima —insistió terco.

—Te fastidia que la gaviota haya chafado tu historia de fantasmas, ¿no? —se burló Tea.

Y añadió acercándose a él:

—No sufras. No me extrañaría que Tristante volviera a hacer de las suyas muy pronto.

Jano alzó la cabeza con intención de fulminarla con la mirada por su insistencia en burlarse de él, pero el brillo de complicidad que vio en sus ojos le hizo cambiar de expresión.

Tea hizo un gesto de asentimiento y Jano supo que el plan de Tea estaba en marcha.

Cuando salieron del faro acompañados de Aurora, Jano no dejaba de mirar hacia atrás. Le quemaba la impaciencia por saber qué había hecho Tea en el tiempo que había estado a solas con el ordenador, mientras él entretenía a Aurora. Estaba convencido de que algo iba a pasar en cualquier momento.

—Deja ya de volverte —dijo Tea—. ¿Crees que te persigue Tristante?

—Tristante ya no persigue a nadie. Está tan jubilado como yo, me parece a mí —dijo Aurora con tristeza.

—¡Nunca se sabe! —advirtió Tea.

Jano captó el mensaje oculto tras aquellas palabras, pero sólo sirvió para que sus nervios se pusieran más de punta aún. Aurora se empeñó en acompañarles a cada uno a su casa, de modo que Jano no tuvo ni un segundo para hablar con Tea a solas y pedirle que le explicara qué había hecho en el ordenador del faro y qué iba a pasar a partir de ese momento. Jano apenas pudo dormir en toda la noche.

—Y ¿adónde irías? —preguntó Jano después de un silencio.

—Lo primero, a la India —respondió Tea sin dudarlo.

—¿Para ver a tu madre?

—Sí, y también para buscar a Lamia.

—Y ¿qué harías cuando la encontraras?

—La raptaría y se vendría conmigo. Así no tendría que casarse.

—¿Y si sus padres no quieren? La obligarían a volver.

—No podrían encontrarnos, porque iríamos de un puerto a otro, sin parar.

—A lo mejor sus padres hacían que la buscara toda la policía del mundo y os encontraban.

Tea se abrazó a la botavara y se alzó en vilo.

—Para entonces ella ya sería mayor de edad y no podrían obligarla.

Jano no encontró ningún argumento convincente que oponer a eso.

Y entonces ocurrió algo inesperado que apartó todo lo demás de su pensamiento. El sonido de una sirena rasgó la luz diáfana de la tarde como un lamento.

El padre de Tea se quitó los auriculares y miró a su alrededor.

—¿Qué ha sido eso? —preguntó extrañado.

Tea había vuelto a tumbarse sobre la proa.

—Parece la sirena del faro —dijo, con toda tranquilidad.

—Es absurdo. ¿Por qué suena la sirena si no hay el menor indicio de niebla?

—A lo mejor ha sido un barco —dijo Jano, poniéndose de pie.

Pero, en aquel momento, la sirena se dejó oír de nuevo con los toques corto y largo que correspondían al faro.

Jano miró a Tea, que seguía tumbada y que, además, se había puesto su gorra de marinero sobre la cara.

Jano le levantó la gorra y la miró con una muda interrogación. Ella, sin abrir los ojos, con un leve movimiento de la mano recuperó la gorra y volvió a taparse la cara.

—¿Tiene algo que ver con tu plan de *hacker*? ¡Confiesa! —preguntó Jano en voz baja, al tiempo que ponía sus manos sobre el cuello de Tea, haciendo que iba a estrangularla.

Tea se zafó de un salto y corrió hacia donde estaba su padre buscando amparo, muerta de risa:

—¡Socorro, me quieren asesinar!

Su padre no prestó demasiada atención a sus juegos; perplejo por lo insólito de la sirena, trataba de encontrar una explicación.

—Quizá están haciendo pruebas con el nuevo ordenador —aventuró.

—Yo creo que es el fantasma —bromeó Tea.

—A lo mejor es que ya se ha estropeado. ¡Qué bien! Así volverá Aurora al faro ¡y volverán las meriendas! —exclamó Jano dando brincos.

—¡Estás loco! —dijo Tea.

La sirena siguió sonando a intervalos regulares durante toda la tarde.

Cuando el *Resolution* volvió a puerto, en Piedrasnegras se comentaba entre la gente del muelle, sin darle demasiada importancia. Había ocurrido con Aurora y ahora con el ordenador.

—La sirena a veces se dispara sola —decían.

Y no faltaban las referencias a Tristante, como siempre que pasaba algo que se salía de lo normal.

Luego, de forma súbita, la sirena enmudeció y ya nadie volvió a acordarse del incidente.

Salvo Jano, que no logró una confesión de Tea a pesar de su insistencia en saber si aquello formaba parte del plan y qué iba a suceder a continuación.

La tarde siguiente fueron al faro para hablar con Aurora y conocer su versión de lo ocurrido, pero ella tampoco fue capaz de darles ninguna explicación.

La sirena se había disparado y ella había telefoneado a su ex jefe y le había puesto al tanto de lo que ocurría.

—Me dijo que no me preocupara, que hiciera lo de siempre. Y eso fue lo que hice —dijo Aurora.

—¿Y qué era? —se interesó Tea.

—Pues apagarla, ¿qué va a ser?

En absoluto parecía preocupada por el suceso, todo lo contrario:

—Ya ocurrió alguna otra vez —dijo, restándole importancia.

—Con el ordenador se supone que no debería pasar —apuntó Jano.

—Bueno, hay que dar un margen de error también a las máquinas.

Tea, que hasta entonces había estado callada, dijo:

—Quizá Tristante quiera demostrar que no hay ordenador que pueda con él.

Jano se volvió hacia ella con ojos de asombro.

—¡Vaya, hombre! ¿No eras tú la que ya no creía en fantasmas porque era cosa de críos? Y, ahora, venga a insistir en que todo es culpa de Tristante. No hay quien te entienda.

Tea estaba de muy buen humor los últimos días y, salvo en algunos momentos en que se quedaba ensimismada y lejana, había vuelto a ser la de siempre. En lo único que no había cambiado era en acceder a contarle a Jano su estrategia de *hacker* con la que iba a lograr que Aurora volviera a hacerse cargo del faro.

Eso no quería decir que Jano cejara en su empeño. A cada momento, con cualquier pretexto, sacaba el tema a colación y, sobre todo, procuraba que su paseo en bicicleta por las tardes terminara en el faro, coincidiendo con la hora de llegada de Aurora.

Ésta les había confiado su preocupación porque se había dado cuenta de que no había gasoil en el depósito para el equipo de emergencia. Dudaba sobre qué debía hacer.

—En realidad ya no es mi obligación. No sé por qué me preocupa —se lamentaba—. Si ellos confían tan ciegamente en el ordenador yo también debería hacerlo.

La tarde que Tea y Jano subieron a Pico Hortal con los demás era una de ésas que no ofrece duda alguna desde el punto de vista meteorológico. No había ni asomo de nubes, la temperatura no era muy alta, gracias a la brisa que venía del mar, y resultaba del todo apetecible asomarse al macizo rocoso más alto de la contornada, desde el cual se divisaba toda la costa.

Algunos no pudieron aguardar a llegar arriba para devorar sus bocadillos y quedaron rezagados en el bosque de robles. Jano y Tea, entre otros, prefirieron subir a lo más alto y, una vez allí, sentados sobre la terraza natural, se disponían a tomar la merienda cuando alguien del grupo exclamó:

—¡Anda! Si está funcionando el faro de Piedrasnegras, ¿no lo veis?

En la claridad de la tarde los rayos de luz se difuminaban, pero, prestando atención, se veía un fulgor del destello a través de la cúpula del faro.

—Es cierto. ¡Mira! —dijo Jano, dándole un codazo a Tea.

—Ya lo veo, que no estoy ciega —protestó ésta.

Y siguió desenvolviendo su bocadillo con parsimonia.

Cuando llegaron los demás se formó un gran alboroto con la novedad. Los comentarios eran de lo más variado, aunque la opinión que predominó al final fue la de hacer responsable a Tristante.

—Y lo del otro día de la sirena, también.

—Eso es que anda enfadado por lo del ordenador.

—Para que digan que nunca falla.

—Fallaba menos cuando estaba Aurora.

—No. Cuando estaba Aurora no fallaba nunca, que no es lo mismo.

La única que no daba su opinión era Tea, quien, sentada sobre la roca, abrazaba sus rodillas y miraba pensativa hacia el faro. Jano se sentó a su lado y agachó la cabeza para ver sus ojos casi ocultos por la visera de la inseparable gorra.

—¿Tú también crees que es el fantasma? —preguntó con sorna.

—Yo no creo en fantasmas. Los ordenadores a veces fallan —aseguró muy seria, dejando desconcertado a Jano, sin saber si hablaba en serio o en broma.

La contemplación del faro se convirtió en el espectáculo de la tarde para todos. El brillo intermitente, el código monótono repetido una y otra vez, tenía algo de llamada misteriosa de otros mundos; encerraba la fascinación de lo lejano y desconocido; tal vez del peligro. Y esa fascinación fue ganándoles uno por uno, hasta que todos quedaron absortos en la contemplación hipnótica de aquella luz, familiar y mágica al mismo tiempo.

De manera brusca el destello se interrumpió. Y el horizonte pareció enmudecer.

—¡Se ha apagado!

—Seguro que ha ido Aurora a apagarlo.

Cuando regresaron al pueblo, Tea se mostró muy interesada en indagar la opinión de la gente sobre la nueva irregularidad ocurrida en el faro. Pero pocos la habían percibido y, en general, no le dieron demasiada importancia, lo cual pareció decepcionar a Tea.

En cambio, lo que sí había despertado una gran expectación en Piedrasnegras era la noche de las Perseidas.

Desde días antes se venía anunciando una gran lluvia de estrellas, la más espectacular de los últimos años, se decía.

Tea estaba segura de que aquélla iba a ser una noche especial y no se conformaba con salir al campo por los alrededores o subir a la montaña, como algunos, para ver el fenómeno. Había logrado convencer a su padre para hacer una salida nocturna en el *Resolution* y ver en alta mar, lejos de la contaminación lumínica, la caída de meteoritos.

—Será la gran noche de los fuegos artificiales —anunciaba con entusiasmo.

Tanto, que había logrado contagiar a Jano, quien se sometió a la prueba de repasar las lecciones de inglés durante cuatro tardes seguidas sin rechistar.

El día del acontecimiento colaboró codo con codo con Tea y su padre para poner el barco a punto. Baldearon la cubierta, pulieron los dorados, ordenaron el camarote y al anochecer todo estaba dispuesto para zarpar.

Para Jano iba a ser la aventura marina más larga de su vida, ya que hasta entonces toda su experiencia se limitaba a pequeños paseos en barca por las inmediaciones de Piedrasnegras.

Los padres de Jano acudieron a despedirles al muelle con la misma ceremonia que si partieran para América.

—Y ¿hasta dónde vais a ir? —preguntaban preocupados.

—Hay que alejarse bastante de la costa, por la luz y por la bruma —les explicaba Jano.

El padre de Tea trató de tranquilizarles:

—No os preocupéis. La noche está muy calmada.

—Sí, pero el mar es muy traicionero. ¿Y si se forma una borrasca? —apuntó la madre de Jano.

—No estaremos tan lejos como para no poder volver, mujer. Lo mejor sería que vinierais también.

—¡Qué dices! Con lo que yo me mareo.

—Yo sólo voy donde pueda salir corriendo, por si acaso —añadió el padre.

Eran casi las once cuando zarparon, con las velas plegadas, porque no había ni una gota de viento. Una vez concluida la maniobra de salida del puerto, el padre de Tea les confió el timón a ellos.

—Os toca la primera guardia —dijo risueño—. Voy a preparar las tumbonas para ver la lluvia de estrellas.

Jano estaba tan nervioso por la experiencia que no dejaba de hacer preguntas. Señalando las luces de posición, preguntó:

—Y ¿por qué una luz es verde y la otra roja?

—La roja es la de babor y la verde la de estribor. Así cualquier otro barco que nos vea sabrá qué dirección llevamos —le aclaró Tea.

Jano siguió preguntando acerca de la función de cada uno de los instrumentos de navegación del puente.

Tea tenía una respuesta convincente para cada una de las cuestiones.

—No me imaginaba que hiciera falta saber tantas cosas para navegar —dijo Jano, mirando a Tea con admiración—. Ya puedes ir a la India o dar la vuelta al mundo en el barco, si quieres —añadió.

El padre de Tea, desde el camarote, escuchaba la charla con una sonrisa de satisfacción en su rostro. Cuando ellos callaban, nada más se oía el ronroneo de los motores y el rumor del agua en los costados del barco.

—Toma, lleva al timón.

El ofrecimiento de Tea cogió a Jano desprevenido.

—¿Yo?

—Sí, es muy fácil. Ya está marcado el rumbo.

Jano se aferró a la rueda con las manos agarrotadas. Durante un buen rato se mantuvo rígido, agarrado al timón con los ojos fijos en el horizonte y una mirada inescrutable.

Tea bromeó con él, le encasquetó su gorra y trató por todos los medios de distraerle sin lograrlo. Al final, desesperada, exclamó abriendo los brazos:

—¡Que no vas conduciendo un coche! ¡Te puedes mover, hombre!

Pero no logró que Jano alterara un solo músculo ni zarandeándole. Tea salió a cubierta y desde allí gritó:

—Ya casi no se ven las luces de Piedrasnegras.

Su padre subió tras ella y Jano se quedó solo en la cabina. Sintió de pronto que una gran responsabilidad recaía sobre él; tan grande que aquel barco le pareció el mundo entero y ellos tres sus únicos habitantes. De manera instintiva agarró con más fuerza el timón, y entonces recordó lo que Tea le había contado de Corto Maltés y su posterior afirmación de que nadie iba a decidir su destino por ella. Parecía tenerlo muy claro. ¿Y él?

¿Qué destino deseaba para sí mismo? Nunca se lo había preguntado hasta entonces y pensó que, si pudiera dibujarlo en su mano, trazaría una línea idéntica a la de Tea.

Luego pensó en el destino de otras personas: el de su padre, el de su madre. ¿Habían ellos decidido su propio destino para estar juntos? ¿Y Aurora? Ella había sido apartada del que creía que era su destino de farera hasta el fin de sus días. ¿Qué pasaba entonces con el destino? ¿Quién decidía en realidad? En su cabeza se mezclaron todas esas preguntas formando un confuso embrollo.

Hasta sus oídos llegó el rumor de las voces de Tea y su padre desde cubierta, que le hicieron recordar que aquélla era la noche de los deseos. Trató de imaginar cuáles serían los deseos de Tea para formular los mismos: dar la vuelta al mundo en aquel barco, ir en busca de Lamia, y también que Aurora volviera al faro.

Ojalá cayeran muchas estrellas aquella noche, porque eran muchos sus deseos.

El padre de Tea entró en aquel momento anunciando que ya podían parar los motores y quedarse a esperar la lluvia de estrellas.

—Ya no se ve nada. Ni siquiera el resplandor del faro. No creía que hubiéramos llegado tan pronto a la distancia adecuada —dijo, echando una mirada al panel de mandos.

Tea y Jano salieron corriendo a cubierta y se pelearon por la mejor tumbona.

Cuando finalizó la disputa y miraron hacia arriba, ambos enmudecieron sobrecogidos por el espectáculo que había sobre sus cabezas. Nunca habían visto tantas estrellas; la Vía Láctea semejaba una gasa extendida sobre sus cabezas.

El padre de Tea se les unió al cabo de un momento, les dio una manta a cada uno para protegerse del frío nocturno y juntos los tres se dispusieron a vigilar la bóveda celeste.

—¿Tenéis preparados vuestros deseos? —preguntó el padre de Tea.

—Sí —respondieron los dos al unísono.

—¿Cuál es tu deseo? —preguntó Jano a Tea, en un susurro, después de un breve silencio.

—Los deseos no se cuentan —respondió Tea en otro susurro—, si lo haces, no se cumplen.

—¿Sólo vas a pedir uno? —volvió a preguntar Jano en voz muy baja.

—¿Qué te importa cuántos deseos voy a pedir? —respondió Tea impaciente.

Durante algunos minutos el silencio de la noche les envolvió.

Hasta que Jano, incapaz de aguantar sus dudas, transcurrido un tiempo de contemplación sin resultados, preguntó:

—¿Y si no cae ninguna estrella? ¿Qué pasa con nuestros deseos?

—Cállate —le regañó Tea, mientras su padre se reía de la ocurrencia.

Poco después, éste respondía a su pregunta:

—Formular un deseo en una noche como ésta no es más que un compromiso contigo mismo.

La caída de la estrella es la rúbrica de ese compromiso.

—¿Qué es la rúbrica? —preguntó Jano, intrigado.

Fue Tea la que respondió a la pregunta:

—Es esa rayita que pones por debajo de tu nombre cuando firmas.

Hecha la aclaración, el padre de Tea siguió hablando:

—El Universo te dice: «Vale Jano, eso que quieres es una cosa muy seria, firmémoslo». Y la estrella traza su rúbrica en el firmamento y ahí queda para siempre. Pero tú tendrás que luchar por ello para hacerlo realidad.

—¡Pues vaya gracia! —exclamó decepcionado.

Comenzó a repasar su lista de deseos con el fin de valorar las posibilidades de alcanzarlos, si era cierto que tendría que luchar por ellos. Cuando aún estaba enzarzado en el primero, vio caer una estrella.

—¡Mira! —exclamó al mismo tiempo que Tea.

Y ambos enmudecieron mientras Jano pensaba con intensidad en su primer deseo. Aún perduraba en su retina el breve trazo blanco, cuando desde el lado opuesto otra estrella atravesó casi todo el campo visual. Tuvo tiempo suficiente para pensar en su segundo deseo antes de exclamar:

—¡Qué grande!

El padre de Tea celebró con ellos la espléndida visión. Otras muchas siguieron a aquéllas durante varios minutos. Estaban pletóricos los tres y a cada nuevo paso de los astros fugaces saltaban de sus tumbonas.

Luego el cielo se quedó de nuevo inmóvil. Pasaron varios minutos sin que sucediera nada.

—¿Ya se han acabado? —preguntó Jano, como si asistiera a un espectáculo de fuegos artificiales.

—No. Siempre está sucediendo, lo que ocurre es que no siempre las vemos —aclaró el padre de Tea.

Siguieron vigilantes, sin ver ninguna estrella fugaz más, hasta que el sueño les venció.

A Jano le despertaron el zumbido del motor y el suave balanceo del barco. Se removió en la tumbona y, antes de abrir los ojos, oyó la voz del padre de Tea:

—Volvemos a tierra, chicos.

Tea también se había despertado y se restregaba los ojos perezosamente.

—¿Has visto más? —preguntó ésta a su padre.

—Alguna. Pero no ha sido tan espectacular como se esperaba.

Jano no estaba de acuerdo. Para él había sido suficiente y maravilloso. Y había formulado todos sus deseos, por si acaso. No tenía nada que perder.

Llevaban navegando un buen rato cuando el padre de Tea dijo:

—Qué extraño, ya tendríamos que percibir la luz del faro.

La línea del horizonte era de una azul profundo, sin que nada la hiciera variar.

—¿Aquellas luces son de Piedrasnegras? —preguntó Tea un poco más tarde.

—Creo que sí —respondió su padre, tras consultar los paneles—. Por la distancia... debería verse el faro.

—A lo mejor nos hemos equivocado y estamos en otro sitio —apuntó Jano.

—Puede que la corriente nos haya hecho derivar —señaló Tea.

—El GPS nos sacará de dudas —dijo su padre.

La línea de la costa se dibujaba a lo lejos cada vez más nítida bajo la tenue capa de bruma.

—No hace falta, allí está el faro —dijo Jano, señalando hacia su izquierda.

Sobre el promontorio que se adentraba en el mar se adivinaba la silueta blanca un tanto fantasmagórica del faro.

—Sí, es cierto —admitió el padre de Tea—, pero está apagado.

—Últimamente no es muy de fiar —comentó con sorna Tea.

—Sí, anda un poco loco —bromeó también Jano—. Me parece que Tristante está revolviendo más de lo necesario.

Había un significativo retintín en su tono, mientras miraba inquisitivamente a Tea, que eludió sus ojos ocultándose bajo la gorra.

Cuando llegaron a puerto coincidieron con algunas embarcaciones de pescadores, unas que regresaban y otras que se disponían a salir en aquel momento. Las conversaciones de todos los marineros giraban en torno a los reiterados fallos del faro:

—Nunca había habido tantos problemas como ahora —se extrañaba uno.

—Con tanto fallo hasta te da miedo salir a la mar. Yo, si veo que apunta la niebla, me vuelvo para casa; cualquiera se fía —aseguró otro.

—Desde luego, con Aurora no pasaban estas cosas. Más valdría que se dejaran de ordenadores y volviera ella —dijo un viejo marinero de cabello blanco.

—Eso es lo que tendríamos que exigir: que vuelva Aurora —añadió un cuarto.

El padre de Tea intervino conciliador:

—Son fallos lógicos cuando entra en funcionamiento un sistema nuevo. En cuanto hagan las correcciones todo irá perfecto.

Los más viejos se resistían a creerle:

—Usted sabe mucho de ordenadores y todo eso, pero, digo yo, si no hay nadie en el faro, ¿quién va a avisar de los fallos? Yo soy partidario de las cosas modernas, pero no por eso hay que tirar las viejas.

—Yo lo único que sé es que antes me sentía seguro porque el faro siempre estaba ahí. Ahora no sabes cuándo puedes contar con él —corroboró otro.

Jano escuchaba los comentarios con una mezcla de miedo y alegría a partes iguales. A intervalos, observaba la reacción de Tea, que parecía presa de una actividad desusada. Tan pronto estaba ordenando el camarote, como revisando la sujeción de las velas o enrollando cuidadosamente los cabos.

—¿Me ayudas a doblar las mantas y a plegar las tumbonas? —le dijo a Jano asomando la cabeza.

Cuando estuvo a su lado, al tiempo que le alargaba un extremo de la manta le susurró:

—¿Lo ves? Todo está saliendo perfecto.

Probablemente era cierto y todo estaba saliendo bien: parecía estar todo el mundo de acuerdo en pedir el regreso de Aurora y eso era lo que desde un principio había buscado Jano también. Pero de pronto sentía en el estómago una sensación muy parecida al vértigo. Parecía que sus pies estuvieran suspendidos en el vacío. Le inquietaba el modo en que Tea lo estaba consiguiendo. Si se llegaba a descubrir que los fallos se debían a su actividad de *hacker*, quién sabe lo que podría pasarle. Incluso podían meterla en la cárcel. Mientras estos pensamientos sombríos pasaban por la mente de Jano, ella no parecía temer nada. Cuando abandonaron el *Resolution*, Tea bostezó ostensiblemente y proclamó con toda tranquilidad:

—Me muero de sueño. Me voy a dormir.

Jano se sintió mareado al pisar el muelle. La tierra se movió bajo sus pies igual que el barco. Aquella noche le costó mucho conciliar el sueño y luego durmió hasta mediodía.

10

En Piedrasnegras no se habló en los días siguientes de otra cosa que de los reiterados fallos del faro. Nadie cuestionaba que la sustitución de Aurora por el ordenador había sido nefasta y sólo había traído inconvenientes e inseguridad para las gentes del mar. Y nadie estaba más contento por esta extendida opinión que Jano. Tea, por su parte, seguía aparentando indiferencia y al mismo tiempo se mostraba segura de sí misma, Jano sospechaba que a la espera de algo más. Sí, ésa era la cuestión: había algo más y, al igual que había hecho desde el principio, seguía negándose a compartir con Jano el secreto de la conspiración. Nada más le daba las migajas. Y eso le sublevaba.

—Yo creo que si fueran a llamar a Aurora para que volviera a encargarse del faro, ya tendrían que haberlo hecho, ¿no crees? —la interrogó un día Jano.

—Todavía no ha sido suficiente para eso.

—¿Ah, no? Y ¿qué más tiene que pasar?

Tea se mordió los labios y se encogió de hombros. Jano se quedó sin saber si su silencio obedecía a que ignoraba lo que iba a ocurrir, o a que se negaba a contarlo. Más hermética que nunca, no logró sacarle una palabra más sobre el tema.

Aurora era de la opinión de que, si no se descubría la causa de los fallos antes de que llegara el invierno, el riesgo de que ocurriera una desgracia era muy grande.

—¿Tan grande como la de Tristante? —preguntó Jano.

—O más —respondió Aurora preocupada. Y añadió—: Ahora que yo ya les he advertido. Ellos dicen que no me preocupe, que lo bueno que tiene el ordenador es que los fallos los pueden arreglar desde la central. Ya veremos.

—Y si son jugarretas de Tristante, a ver cómo lo arreglan —dijo Jano riéndose.

—¿Tristante? Ni aunque el diablo se hubiera metido en el faro habrían pasado tantas cosas. Aquí hay algo raro —dijo Aurora.

Jano miró a Tea, que escuchaba la conversación mientras daba vueltas en torno a ellos montada en la bicicleta con aire ausente. Había pasado todo el día abstraída y silenciosa, pero eso a Jano ya no le extrañaba, acostumbrado como estaba a que los períodos de la Tea expansiva y comunicativa se alternaran con los períodos de la Tea taciturna y distante. Desde la noche de las Perseidas estaba en la segunda fase.

A medida que se ocultaba el sol por el horizonte, las nubes, empujadas por el viento de tierra hacia el mar, iban adquiriendo un intenso color rojo.

—Mañana, vendaval —pronosticó Aurora.

Cuando llegaron al cruce de las Ánimas, manchas de nubarrones negros se mezclaban con el rojo, como carbones apagados en la brasa.

—Vendaval fuerte —pronosticó Aurora, mirando preocupada al cielo.

Y no se equivocó en la predicción. El viento sopló desde la mañana y fue creciendo en intensidad a lo largo del día. A media tarde, coincidiendo con el punto más bajo de la marea, se había convertido en uno de los más fuertes temporales que se recordaban.

En el muelle de Piedrasnegras se desató una actividad febril. Todo el mundo estaba asegurando las embarcaciones y los pocos que habían salido de madrugada a navegar regresaban a puerto con bastantes dificultades.

Jano y Tea también bajaron, junto con el padre de ésta, para reforzar los amarres del *Resolution*, retirar lo que fuera susceptible de ser arrastrado por el viento y cerrar herméticamente las escotillas. Todos los vaticinios coincidían en que la noche iba a ser dura.

Los marineros que se cruzaban en el muelle, avanzando contra el viento mientras se sujetaban las gorras con las manos, hablaban de olas de más de seis metros.

Los más pesimistas opinaban que el propio pantalán corría peligro si el temporal duraba mucho.

—¡Pobre del que le pille fuera! —exclamaban algunos.

Jano observó la cara de preocupación de Tea escuchando aquellos comentarios.

Cuando acabaron su tarea, Jano, Tea y su padre se refugiaron en uno de los bares del muelle para tomar un refresco y esperar acontecimientos. Había silencio y calma allí dentro, pero se percibía la intensa vibración que flotaba en el aire. La tierra entera era como la piel de un tambor constantemente golpeado.

—¿Jugamos una partida? —propuso el padre de Tea.

—Vale. Parchís —dijo Jano.

—Ajedrez —propuso Tea.

—Parchís, así podemos jugar los tres —eligió el padre de Tea.

Tea jugaba silenciosa, con más atención en lo que pudiera ocurrir en el exterior que en la partida. Ni siquiera se enfadó cuando tardó en salirle el cinco que necesitaba.

La puerta se abrió de golpe y uno de los marineros más viejos de Piedrasnegras entró en el bar enfundado en su traje de aguas completamente empapado. Un golpe de aire húmedo y pegajoso entró tras él.

—¡Falta el *Esperancita*! Tenía que haber entrado ya —informó en voz alta, moviendo la cabeza con semblante sombrío.

Los que se encontraban en el local fueron saliendo sin importarles la lluvia ni el viento. Tea se removía en el asiento cada vez más nerviosa. De pronto, apartó el tablero con las manos y dijo:

—Quiero irme a casa. Tengo que ir a casa —subrayando el «tengo» con una extraña tensión en su voz.

Jano la miró asustado.

Su padre trató de tranquilizarla.

—El *Esperancita* estará a salvo, no te preocupes. Los marineros ven venir los temporales desde lejos.

—Entonces, ¿por qué no ha regresado ya como los demás?

—Le habrá pillado lejos y seguramente ha entrado en otro puerto.

Jano, perplejo, no dejaba de preguntarse a qué obedecía aquel nerviosismo de Tea. No creía que pudiera deberse sólo a su temor por el *Esperancita*.

Fuera, la gente buscaba el abrigo imposible en la proximidad de las casas, sin perder de vista la bocana del puerto.

En el momento en que se dirigían al coche, Jano vio venir a lo lejos, casi corriendo, a una figura que le resultaba familiar y reconocible a pesar del impermeable y la capucha que le ocultaba la cara.

—Es Aurora —dijo.

Ésta también les había visto, y levantó su mano indicándoles con una seña que esperaran.

Obedecieron, encogidos junto al coche, sintiendo el azote del agua en su rostro.

—¿Qué ocurre, Aurora? ¿Te llevamos a casa? —preguntó el padre de Tea, adelantándose para ir a su encuentro.

—¡A casa, no! Llévame al faro. No puedo ir a pie con este tiempo y tengo que estar allí. ¡No faltaba más que hoy volviera a fallar!

Tea, con un gesto de impaciencia, clavó sus uñas en el brazo de Jano.

—¡Ay! —se quejó éste, a punto de iniciar una protesta.

Le frenó el brillo desesperado que vio en los ojos de Tea.

Entonces comprendió lo que ocurría, el porqué de su nerviosismo y su impaciencia por llegar a casa. Tea sabía que el faro iba a fallar.

Aunque no era tarde, la negrura profunda del cielo estaba sumiendo a Piedrasnegras en una noche prematura.

—Vamos, vamos —urgió Jano.

Ignoraba lo que pretendía Tea, pero estaba seguro de que si ella quería ir a casa era por alguna razón de peso que tenía que ver con lo que estaba ocurriendo. O tal vez con lo que pudiera ocurrir.

—Tea, vamos a llevar a Aurora al faro —le rogó su padre—. Quizá podamos echarle una mano.

Tea asintió con la cabeza. Plegó los brazos sobre sí misma intentando darse calor, o recuperar la energía que el fuerte viento parecía haberle arrebatado.

—¡Qué barbaridad! —exclamó Aurora, acomodándose en el interior del coche—. Hacía tiempo que no veía algo así. Creo que se acabó el verano, chicos.

—¿Sabes lo del *Esperancita*? —le preguntó Jano.

—Claro. Por eso me preocupa más que pueda haber algún fallo esta noche. Menos mal que el otro día repuse el fuel del equipo de emergencia. Por lo menos, que no fallen los dos.

Al pasar por el cruce de las Ánimas la furia del viento pareció acrecentarse. Los cipreses columnarios, agitados por el temporal, se retorcían e inclinaban, una y otra vez, hasta tocar el suelo con la punta.

Parecían gigantes acometidos por un dolor incontrolable.

—Aurora, no me gusta que te quedes aquí sola —dijo el padre de Tea—. Jano, acompáñala tú mientras dejo a Tea en casa. Enseguida vuelvo yo. Antes pasaré a avisar a tus padres para que no se inquieten.

Lo dijo gritando. Era tal el estruendo que disolvía las voces.

—Vale —respondió Jano, también a gritos.

Se inclinó hacia Tea y le tocó la mano.

—Tranquila —le dijo.

—Estoy tranquila —dijo ella, apenas sin mover los labios.

Pero Jano sabía que no era así.

El marullo llegaba hasta el faro, impregnando el aire de una consistencia viscosa que se pegaba a la piel. Entrar en el edificio fue un alivio. Dentro sobraba todo, y tanto Aurora como Jano se apresuraron a desprenderse de la ropa de agua.

padre de Tea con expresión bastante perpleja—. Es raro.

—¿Qué puedo hacer? —se preguntaba Aurora angustiada—. Y pensar que puede haber alguien perdido en ese infierno... —repetía una y otra vez.

—¿Y si encendemos una hoguera en la torre de piedra? —propuso Jano—. Como hizo tu padre aquella vez. Igual que en los tiempos de Tristante.

Aurora se volvió hacia él con la mirada perdida. Tan perdida como sus esperanzas.

—Con este viento y este aguacero, no sé cómo podríamos mantenerla —dijo con desaliento.

Jano vio en su rostro la misma expresión de abatimiento, de derrota, que había visto la tarde de su llegada.

El padre de Tea le pidió la linterna a Aurora y subió al ordenador. Quizá por el mero hecho de hacer algo, de no quedarse quieto, porque no tardó en regresar:

—Confiemos en que arreglen pronto la avería eléctrica —dijo con voz queda—. Y aún así, me temo que todo depende del ordenador central...

Jano pensó que eran las mismas palabras que había dicho Tea la primera vez que estuvo ante el ordenador y, de nuevo, se preguntó qué estaría haciendo en aquellos momentos. En ese instante volvió la luz. Aurora dio un salto y subió precipitadamente hacia la torre. Jano y el padre de Tea la siguieron.

—¡Ya funciona! ¡Ya funciona! —gritaba Aurora.

El fanal había comenzado a girar sobre la base y lanzaba destellos intermitentes, dibujando caminos de luz en la oscuridad de la noche que, de pronto, se había vuelto menos siniestra.

Poco después llegaron los padres de Jano con Tea. Venían a traer la buena noticia de que el *Esperancita* estaba al abrigo de un puerto cercano en el que se habían refugiado cuando vieron que era imposible llegar a Piedrasnegras.

—El patrón ha llamado por teléfono para tranquilizar a las familias —dijo el padre de Jano.

—¡Gracias a Dios! —exclamó Aurora, con el semblante iluminado.

Todos estaban eufóricos y hasta Tea volvía a sonreír. Aunque el temporal seguía rugiendo fuera, a nadie parecía preocuparle ya. Tea se acercó a Jano.

—Ya está todo arreglado —le susurró al oído.

—Claro, ha vuelto la luz —dijo Jano.

—No sólo por eso, ignorante —dijo ella, golpeándole la pierna con la puntera, simulando un enfado que en realidad no debía de sentir, porque su expresión era de felicidad.

No así la de Jano, que se sentía menos que un cero a la izquierda en los planes de Tea. Ésta hacía y deshacía conspiraciones a su antojo sin decirle ni palabra y encima le llamaba ignorante. Era más de lo que estaba dispuesto a aguantar:

—¿Podrías contarme de una maldita vez lo que has estado haciendo? —preguntó exasperado.

—No grites —masculló Tea—. Sigue siendo un secreto y tendrá que serlo siempre.

—¿Un secreto? ¡Desde luego que lo es! Sólo tú sabes de qué se trata; tú te lo guisas y tú te lo comes.

—Te lo explicaré, aunque no sé de qué te va a servir —dijo Tea con calma.

Jano le lanzó una mirada furibunda.

—Vamos a tener una semana para hablar. Mi padre se vuelve a Madrid y yo me quedo esta semana en tu casa, hasta que se acaben las vacaciones. Ya está todo arreglado. Volveré con vosotros. ¿No es estupendo?

La noticia era lo bastante «estupenda» como para que el enfado de Jano desapareciera de inmediato, pero tenía su orgullo. Siguió enfurruñado, con los brazos cruzados y el gesto hosco. En su fuero interno deseaba castigar a Tea por la marginación a la que le había sometido y por la escasa confianza que había demostrado tener en él. No estaba seguro de poder mantener mucho tiempo su decisión si iban a vivir juntos los próximos días.

Aurora no estaba dispuesta a abandonar el faro aquella noche por temor a que ocurriera otro percance. Los demás tampoco querían dejarla sola y Jano era el primero encantado de quedarse. Nunca había estado en el faro hasta tan tarde y eso le resultaba emocionante. Aunque la presencia de los mayores le cohibía y habría preferido estar a solas con Tea y Aurora.

Acomodados en torno a la mesa de la pequeña sala, mientras la tormenta seguía rugiendo en el exterior, dejaron pasar las horas evocando viejas historias y anécdotas de veranos pasados. El faro estaba ligado a los mejores recuerdos de todos ellos. Aurora rememoró los tiempos dorados, cuando el faro era tan importante que incluso disponía de su propia vajilla, con un grabado y el nombre de «Piedrasnegras» en letras doradas.

—De todo eso ya no queda nada. Alguna taza desportillada por los rincones. Eran otros tiempos —dijo melancólica.

—Hay que rendirse a los avances técnicos, mujer —dijo el padre de Jano, intentado ser jovial.

Jano le miró asombrado. «¿Rendirse a los avances técnicos?», pensó con rencor. Él que se negaba a comprarle una videoconsola que no diera risa, un ordenador decente ¡y hasta un simple *walkman*!

—¿Sabes lo que haría yo aquí? —seguía hablando el padre de Jano—. Un hotelito de lujo. Si dependiera de mí, lo haría.

—Un hotelito con fantasma —dijo Jano con tono sarcástico.

Su intención era decirlo en voz baja de tal modo que sólo lo oyera Tea, que estaba a su lado. Pero coincidió con un silencio inesperado y lo escuchó todo el mundo. Su padre le fulminó con la mirada.

—De fantasmas es de lo único que tú sabes bastante —le reprochó con acritud.

—A mí también me encantan los fantasmas —dijo Tea, saliendo en su defensa.

Jano sintió un agradecimiento infinito hacia ella.

—Siempre me he preguntado cómo sería Tristante. ¿Has visto alguna fotografía suya?

La pregunta de Tea acabó de disipar la tensión que se había creado entre Jano y su padre.

—Fotografías, no. ¡Aún no se había inventado la fotografía! Según la creencia popular, era guapo, muy guapo... —dijo Aurora, con ojos soñadores.

Guardó un breve silencio que todos respetaron, pendientes de sus palabras:

—A mí me gusta imaginarlo alto como un castillo; con la mirada clara, igual que las aguas poco profundas; de mandíbula fuerte, y cara de buena persona. Porque seguro que era buena persona —concluyó

Aurora, agitando su melena, como hacía siempre que hablaba de algo con convicción.

—¡Uy! Qué guapo —exclamó la madre de Jano.

—Sí, parecido a Corto Maltés —dijo Tea en un susurro.

Si alguno de los mayores entendió a qué se refería Tea, no le prestó atención. Su conversación derivó hacia otros temas y Jano vio la ocasión propicia para escabullirse.

—Vamos a ver la tormenta desde arriba —le dijo a Tea, en voz que nadie pudiera oír.

Para su sorpresa, Tea parecía estar muy a gusto escuchándoles y ni se movió.

Jano se levantó y después de dar una vuelta por la sala husmeando por los rincones, dando a entender que estaba aburrido, se dirigió hacia la puerta.

Desde allí le hizo una seña perentoria a Tea para que le siguiera. Tea obedeció sin demasiado entusiasmo. Jano la esperaba al pie de la escalera de caracol dispuesto a someterla a un interrogatorio en toda regla. Le daba igual que fuera a estar en su casa una semana. No podía esperar ni una hora más.

—Entonces, todos los fallos de estos días en el faro, ¿los provocaste tú con tus jueguecitos en el ordenador?

Tea le miró con altanería antes de responder:

—Pues claro. ¿Qué te crees que he estado haciendo todo el verano? ¿O es que no me creías cuando te decía que iba a entrar en el ordenador central de señales?

Jano seguía escéptico. Necesitaba más precisiones:

—Y ¿cómo lo hiciste?

—Introduje cambios en su programa.

—Sí, pero ¿cómo? —insistía Jano.

—¡Qué diablos te importa cómo! El caso es que lo hice, ¿no? Sonó la sirena cuando no había niebla, se encendió el faro de día o no se encendió de noche.

—¿Y si sólo fueron fallos de su sistema y no lo que hiciste tú?

Tea chasqueó la lengua con impaciencia.

—Piensa lo que quieras. Si no quieres creerme no me creas. Yo hice lo que habíamos pensado: provocar fallos para que volvieran a llamar a Aurora.

—Ya —asintió Jano—. Pero no lo han hecho.

—No. Y, además, esta noche me di cuenta de que estaba poniendo en peligro la vida de personas y me asusté. Es un juego muy arriesgado.

Jano asintió silencioso con un gesto de cabeza.

—Por eso tenías tanta prisa por irte a casa esta tarde.

—Claro. Cuando vi la tormenta que se venía encima, lo del *Esperancita* y lo asustada que estaba

Aurora, me entró un miedo de muerte. Volví todo a su sitio inmediatamente.

Jano la miró aún dubitativo. En el fondo tenía que reconocer que le costaba aceptar el hecho de que Tea fuera tan buena con el ordenador que hubiera logrado hacer todo aquello.

—Entonces, ¿ya no volverá a haber más fallos? —preguntó.

—Por mi culpa, no.

—Pero no hemos conseguido lo que queríamos, que Aurora volviera al faro.

—Eso no lo sabemos. Todavía es pronto para saberlo. Habrá que esperar.

—¿Y si no la llaman?

—Pensaremos en otra idea.

—Ya no tenemos tiempo para pensar en otra idea —dijo Jano con tristeza.

Durante unos minutos permanecieron en silencio, cada uno enfrascado en sus pensamientos. Fue Jano el primero en hablar.

—Mejor que ser *hacker* y mejor que nada es ser fantasma. Eso sí que es bueno. Puedes hacer todas las trastadas que te dé la gana, y como nadie te ve ni te puede pillar...

—Ya va siendo hora de que te olvides de las historias de fantasmas —dijo Tea muy seria—. Los fantasmas no existen.

—Y, tú, ¿por qué preguntaste antes qué aspecto tenía Tristante?

—Para sacarte del apuro. Tu padre estaba a punto de darte una torta.

—No es verdad. Lo preguntaste porque en el fondo tú también crees en él.

—Ni siquiera Aurora cree en él. Para ella Tristante es como para mí Corto Maltés. Ella no lee cómics, pero mezcla la historia y la ficción de su trabajo. Es algo romántico. Tú no lo entiendes.

—¿Qué es lo que hay que entender?

Tea no contestó.

11

La resaca del temporal era patente en el cuerpo y en el ánimo de todos aún los días siguientes. La tierra entera parecía haber quedado exhausta. En los árboles, en las playas, en las casas, en el muelle, en toda Piedrasnegras estaban visibles las huellas de la cólera desatada de la naturaleza, menos en el mar. El mar volvía a ser una superficie lisa y brillante, con reflejos de cobre bruñido. Parecía tan inofensivo, tan inocente, que a Jano y Tea les costaba imaginarlo enfurecido.

Sentados en el muelle, observaban el ajetreo que había a su alrededor. La tormenta había adelantado las labores propias del fin de las vacaciones para los veraneantes: recoger las barcas, desmontar los aparejos y ponerlo todo a buen recaudo para pasar el invierno. Los marineros de Piedrasnegras asistían a todo ello con la indiferencia propia de la costumbre, sin prestarles más atención que al ir y venir de las aves migratorias.

El *Resolution* ya no estaba en el agua. El padre de Tea lo había dejado todo dispuesto antes de marchar.

—Se nota la falta del *Resolution* en el muelle —dijo Jano nostálgico.

No se refería a la ausencia física y supo que Tea había comprendido lo que había querido decir cuando respondió en el mismo tono:

—Sí. Ya lo creo.

—Nunca lo había pasado tan bien saliendo al mar como en el *Resolution* —dijo Jano, después de un largo silencio.

Tea asintió con un movimiento de cabeza. Jano siguió hablando:

—Los paseos en barca, o salir a pescar por la tarde, lo que hacía otros veranos... no era lo mismo.

—¿Por qué? —preguntó Tea con extrañeza.

Jano alzó los hombros. En realidad, no sabía muy bien dónde estaba la diferencia. Lo sentía, pero no encontraba la manera de expresarlo. Aun así quería explicárselo a Tea. Era importante para él hacerle ver la diferencia:

—Sólo eran cosas que se hacían. ¡Cosas! —insistió con impaciencia—. Ir a la playa, o de excursión... Igual que todos los veranos.

Tea se rió de su dificultad para encontrar las palabras.

—No veo la diferencia. Lo único, que el *Resolution* es más grande.

—No, no es porque sea más grande. Es por otras cosas. Por ejemplo, la noche de las Perseidas.

—Sí, esa noche fue preciosa. Aunque no cayeron muchas.

Era cierto. No había resultado tan espectacular como se esperaba, pero Jano la conservaba en la memoria en un lugar especial. Había sido una noche diferente a todas las otras noches de su vida, e influía en lo sucedido desde entonces. Aquella noche se había encendido en él una luz nueva que lo iluminaba todo. De eso se había dado cuenta poco después, aunque nunca le dijo nada a Tea. Entre otras cosas, porque aún estaba confuso y no hacía más que preguntarse si él también estaba cambiando como tantas otras cosas habían cambiado a su alrededor. Puede que ahora hubiera dos Janos: uno, el de antes de la noche de las Perseidas, y otro, el de después. Esas ideas le producían inquietud.

Carraspeó para aclararse la garganta antes de preguntar:

—¿Se cumplieron tus deseos?

Tea negó categórica con un movimiento de cabeza.

—Hum, hum. No tenían que cumplirse ya. A lo mejor no se cumplen nunca.

—¡Ja! Has dicho «a lo mejor» cuando debías decir «a lo peor» —se burló Jano.

Por la mañana, antes de bajar a desayunar, Jano pasó mucho tiempo mirándose en el espejo. No veía cambio alguno. Seguía teniendo la misma cara de pez de siempre. Usó el gel moldeador del pelo con generosidad para lograr un peinado despeinado que le hiciera parecer distinto.

Cuando se sentó a la mesa, tanto Tea —que ya hacía rato que había terminado su desayuno— como su madre le miraron con interés, pero no hicieron ningún comentario, cosa que Jano agradeció.

Tea escribía en un papel y Jano se estiró sobre la mesa para ver lo que hacía.

—¿Qué escribes?

—Las pistas para una caza del tesoro. Podríamos jugar a eso esta tarde.

—Vale. Este verano no hemos jugado ninguna vez.

—Por eso. Mañana ya se va casi todo el mundo.

—Es verdad. ¡Qué pena!

Los últimos días de las vacaciones se parecen a los últimos granos de un reloj de arena: parece que caen más deprisa que los primeros. Eso pensó Jano al constatar que aquella semana estaba resultando más corta que las demás.

La presencia de Tea en su casa suavizaba las aristas de la vida diaria: el padre de Jano estaba más amable con él y su madre apenas le llamaba la atención sobre sus modales en la mesa, o sobre su falta de interés en repasar el inglés.

Tea a menudo se quedaba ensimismada y en sus ojos reaparecía aquella ausencia que tanto inquietaba a Jano. Ahora podía suponer cuál era la causa, aunque no se atrevía a hablar de ello. La madre de éste tampoco se atrevía a preguntarle nada, pero Jano notaba el interés que ponía en hacerle sentir lo pendiente que estaba de ella y lo mucho que le importaba que fuera feliz y nunca se sintiera sola.

Las mañanas soleadas en la playa solitaria adquirieron un encanto especial, de lugar paradisíaco y salvaje recién descubierto. Indagaron todas las cuevas y descubrieron la vida que albergaban insospechadas lagunas ocultas entre las rocas. Y si querían podían jugar a las palas a sus anchas.

Después de la tormenta, el faro no había vuelto a registrar más fallos. Se encendía y apagaba a su hora puntual y ya nadie hablaba del tema.

Jano y Tea tampoco habían vuelto a hablar de ello; ni siquiera habían vuelto al faro desde aquella noche. Quizá porque sobre ambos flotaba la desazón del fracaso.

Durante varios días Jano aún confió en silencio en que se produjera el esperado milagro: que Aurora había recuperado su trabajo, que volvía al faro y estaría allí el verano siguiente, y los otros... Sin embargo, los días pasaron y el milagro no se produjo.

—¿Vamos esta tarde al faro? —propuso Tea la tarde anterior a la partida.

—Sí, claro —aceptó Jano de mala gana.

Sabía que era algo inaplazable, pero se resistía a aceptar la derrota.

—No se nos ha ocurrido nada para conseguir que vuelva al faro —dijo con amargura.

—Ya —reconoció Tea, también con pena.

—¿Qué crees que pasará? —preguntó Jano, al cabo de un instante.

—¿Con Aurora?

—Sí.

—No se suicidará, si es eso lo que te preocupa —respondió Tea.

—Ya lo sé —admitió Jano—. Si te dije aquello sólo fue para que te dieras cuenta de que había perdido lo que era más importante para ella.

—Ya me había dado cuenta. Sé lo que es perder algo importante —replicó Tea sin mirarle.

Jano comprendió lo que quería decir. Él también empezaba a entender lo que era perder algo importante. Ambos permanecieron en silencio unos minutos.

—¿Vamos al faro a despedirnos de ella? Ya debe de estar allí —propuso Jano.

—Está bien.

Aurora les recibió con una sonrisa.

—Me preguntaba si os habríais atrevido a marchar sin despediros de mí —dijo, fingiéndose ofendida—. Pero ya veo que no.

En su rostro había una serenidad que Jano no había visto en todo el verano.

—Hace una tarde preciosa, ¿verdad? —siguió diciendo—. Tiene la dulzura del otoño.

Luego propuso bajar por el estrecho sendero de pescadores hasta la playa de cantos rodados.

—Me apetece mojarme los pies. Este verano no he bajado ni una sola vez —dijo.

Tanto Tea como Jano sabían que no era sólo por eso. También porque aquella tarde quería hacer algo especial, algo que la diferenciara de las demás tardes.

Las piedras todavía conservaban la tibieza del sol, que estaba a punto de esconderse tras el farallón del faro. Una luz rosada y melancólica flotaba sobre sus cabezas.

—Se acabó el verano —dijo Aurora, chapoteando en el agua—. Siempre me da pena cuando os vais. ¡Enseguida los días se hacen tan cortos...! —suspiró.

—En invierno, ¿vas a seguir viniendo al faro? —preguntó Jano.

Aurora tardó en responder.

—No lo creo. Estos días me he dado cuenta de que no se puede detener el curso de la vida. Las cosas cambian y no hay quien las detenga. Ya no estoy para ajetreos y hasta ahora no había querido aceptarlo.

—No se han repetido los fallos. Sería muy raro que volviera a pasar —dijo Tea, intercambiando una mirada de complicidad con Jano—. No hay nada más seguro que un ordenador.

—Ya lo sé. Por eso no quiero seguir engañándome a mí misma. El faro puede funcionar perfectamente sin mí. Mi época ha pasado, igual que ha pasado la de Tristante.

—Bueno, a lo mejor Tristante no está tan dispuesto a aceptar el ordenador así como así —se resistió Jano.

Aurora sonrió y le abrazó con ternura.

—Me asombra y me gusta que sigas fiel a las viejas historias de Tristante y que, a pesar de que creces, año tras año, en cuanto llegas, sigas pidiéndome...

—Que me hables del fantasma del faro, sí —la interrumpió Jano, agachando la cabeza avergonzado.

—Es que éste no se hace mayor —le espetó Tea burlona.

—Todos nos hacemos mayores —dijo Aurora—. Y eso tiene su lado bueno. Puedes hacer cosas que no hacías antes. Pero también es bueno guardar en el corazón las ilusiones infantiles. Que crezcan contigo. Yo las comparo con pequeños faros que dibujan caminos de luz a lo largo de nuestra vida. Y hay que hacer lo que sea para que se mantengan encendidos. ¡Cómo de oscura si no sería esta vida!

Calló un momento y enseguida prosiguió con voz alegre:

—¿Os dije alguna vez que siempre quise viajar a Filipinas?

—No.

—Sí. Quiero conocer la tierra de mi abuela. Aún tengo familia allí con la que me carteo por Navidad.

—Y ¿cómo son? —preguntó Jano.

—¿Qué quieres decir? —preguntó a su vez Aurora desconcertada—. Son filipinos, ¿cómo van a ser?

—Pero... ¿filipinos, filipinos? —precisó Jano.

—¡Uy! Qué tontería —exclamó Aurora—. Pues claro: amarillos, con ojos rasgados...

«... Con cara de muñeca de porcelana», prosiguió mentalmente Jano, mientras clavaba sus ojos en Aurora.

Por primera vez se estaba preguntando cuántos años tendría Aurora. A él nunca le había parecido ni vieja ni joven. Para él no tenía edad; como el faro, como Tristante, formaba parte de un mundo sin tiempo. El mundo en el que él había vivido hasta entonces.

—Pues yo voy a ir a la India —dijo Tea, sacándole con brusquedad de sus ensoñaciones.

—¿A ver a tu madre? —se interesó Aurora.

Tea vaciló antes al responder y Jano intervino:

—¿Sabes que Tea es una gran marinera? Por eso lleva esa gorra: porque va a ser capitán del *Resolution* y va a viajar a la India y por todo el mundo.

Tea fingió que se enfadaba con Jano y le dio un manotazo.

Aurora, ajena a sus juegos, la miraba con una mezcla de asombro e interés.

Parecía que la revelación le causaba sorpresa. Al final suspiró, antes de sentenciar:

—Tea siempre ha sido una chica muy decidida.

—¡Tengo una idea! —propuso Jano—. Nos iremos los tres en barco. En el *Resolution*. Iremos a buscar a Lamia y luego viajaremos los tres a Filipinas...

BULLSHIT OU PAS BULLSHIT ?

Titre original :
TRUE FACTS THAT SOUND LIKE BULLSHIT
© 2017, Appleseed Press Book Publishers LLC.
© 2023, HarperCollins France pour la traduction française.
Ce livre est publié avec l'aimable autorisation de HarperCollins Publishers, LLC, New York, USA.

Conception graphique : Caroline Gioux
Réalisation graphique : Sébastienne Ocampo
Illustrations : Alex Kalomeris

Tous droits réservés, y compris le droit de reproduction de tout ou partie de l'ouvrage, sous quelque forme que ce soit.
Toute représentation ou reproduction, par quelque procédé que ce soit, constituerait une contrefaçon sanctionnée par les articles 425 et suivants du Code pénal.

HARPERCOLLINS FRANCE
83-85, boulevard Vincent-Auriol, 75646 PARIS CEDEX 13
Tél. : 01 42 16 63 63
www.harpercollins.fr
ISBN : 979-1-0339-1600-0